新质生产力
路　线　图

赵振华　　　　　主编

图书在版编目（CIP）数据

新质生产力路线图 / 赵振华主编 . —北京：东方出版社，2024.6
ISBN 978-7-5207-3957-3

Ⅰ.①新… Ⅱ.①赵… Ⅲ.①生产力—发展—研究—中国 Ⅳ.①F120.2

中国国家版本馆 CIP 数据核字（2024）第 098764 号

新质生产力路线图
（XINZHI SHENGCHANLI LUXIANTU）

主　　编：	赵振华
责任编辑：	陈钟华
责任校对：	曾庆全
出　　版：	东方出版社
发　　行：	人民东方出版传媒有限公司
地　　址：	北京市东城区朝阳门内大街 166 号
邮　　编：	100010
印　　刷：	三河市中晟雅豪印务有限公司
版　　次：	2024 年 6 月第 1 版
印　　次：	2024 年 6 月北京第 1 次印刷
开　　本：	710 毫米 ×1000 毫米　1/16
印　　张：	17.5
字　　数：	193 千字
书　　号：	ISBN 978-7-5207-3957-3
定　　价：	68.00 元

发行电话：（010）85924663　85924644　85924641

版权所有，违者必究

如有印装质量问题，我社负责调换，请拨打电话：（010）85924725

前 言
PREFACE

2023年9月，习近平总书记在东北考察期间提出"新质生产力"这一重要概念。他指出："要积极培育新能源、新材料、先进制造、电子信息等战略性新兴产业，积极培育未来产业，加快形成新质生产力，增强发展新动能。""整合科技创新资源，引领发展战略性新兴产业和未来产业，加快形成新质生产力。"此后，他又在中央经济工作会议上和主持二十届中央政治局第十一、十二次集体学习时以及参加全国"两会"等多个重要场合对新质生产力作了深入细致的论述。这些重要论述，无疑是对马克思主义生产力理论的创新和发展，进一步丰富了习近平经济思想的内涵，为新时代新征程全面把握新一轮科技革命和产业变革突破方向，推动生产力高质量发展，全面推进中国式现代化建设提供了根本遵循和行动指南。

新质生产力是创新起主导作用，摆脱传统经济增长方式、生产力发展路径，具有高科技、高效能、高质量特征，符合新发展理念的先进生产力质态。它由技术革命性突破、生产要素创新性配置、产业深度转型升级而催生，以劳动者、劳动资料、劳动对象及其优化组合的跃升为基本内涵，以全要素生产率大幅提升为核心标志，特点是创新，关键在质优，本质是先进生产力。新质生产力反映了发展中国家在中高收入阶段经济发展重心转移之后的新要求、新方向和新理念。加快发展新质生产力，是我国高质量发展的题中应有之义，是抢占新一轮全球科技革命和产业变革制高点、开辟发展新领域新赛道、培育发展新动能、增强竞争新优势的战略选择。只有深刻把握新质生产力的时代内涵、核心要义、本质要求，才能以更具前瞻的战略眼光、更加有效的务实举措、更为积极的主动作为把加快发展新质生产力的要求部署落到实处。新质生产力"新"在何处？发展新质生产力必须摆脱哪些传统增长路径？发展新质生产力将如何改变各行业以及每一个人的生活和工作？为什么各地政府发展新质生产力要因地制宜？如何通过新质生产力准确把握我国发展大趋势新风向，开拓创业投资新赛道？

为了解答上述一系列问题，我们精选黄奇帆、贾康、程恩富、赵振华、刘元春、李晓华等20多位资深学者的相关重量级文章（有些文章是根据作者发言稿整理），分"新质生产力的基本内涵、核心要素与重要特征""新质生产力的形成逻辑、强大动力和深刻影响""以改革创新加快形成新质生产力的产业体系与新优势""以发展新质生产力推进中国式现代化建设"四个篇章，对新质生产力作全面深入介绍解读。作者跨越国际政治、创新科技、产业经济、人工智能与企业管理等各大领域。本书以系统论视角，分别就新质生产力的形成、价值创造和价值实现以及正确处理新质生产力与传统生产力的关系等基本问题进行重点阐释和解析。

当前，全球重大前沿技术和颠覆性技术快速突破，新一轮科技革命和产业变革深入发展,中国经济既迎来了提质升级的战略机遇,也面临不少现实的制约。在"加快形成新质生产力"已成为全社会的共识和热议话题之际,本书的出版,对于读者深刻理解和把握新质生产力的内涵和路径,明确发展新质生产力的重要性和紧迫性,在新一轮科技革命和产业变革中抓住机遇,能够提供有益参考。

目 录
CONTENTS

第一篇

新质生产力的基本内涵、核心要素与重要特征

黄奇帆　新质生产力的三个"新"……………………………………3

贾　康　新质生产力的点题与破局……………………………………10

魏崇辉　新质生产力的基本意涵、历史演进与实践路径…………18

李晓华　新质生产力发展的全新赛道
　　　　——兼论颠覆性创新的推动作用………………………………41

孙　锐　为新质生产力发展提供人才引领支撑……………………51

王大树　新质生产力：马克思主义生产力理论的最新成果………63

于凤霞　加快形成新质生产力：是什么、为什么、做什么……………70

第二篇

新质生产力的形成逻辑、强大动力和深刻影响

赵振华　新质生产力的形成逻辑与影响………………87

杜传忠　新质生产力形成发展的强大动力………………94

李晓华　新质生产力的主要特征与形成机制………………106

张　辉
唐　琦　新质生产力形成的条件、方向及着力点……………114

第三篇

以改革创新加快形成新质生产力的产业体系与新优势

刘元春　以科技创新引领现代化产业体系建设………………139

赵振华　加快形成新质生产力………………146

黄恒学　发展新质生产力的时代要求与政府作为……………154

任保平　以数字新质生产力的形成全方位推进新型工业化……161

涂永红　因地制宜发展新质生产力需避免的认知误区…………177

第四篇

以发展新质生产力推进中国式现代化建设

程恩富
陈　健　大力发展新质生产力　加速推进中国式现代化………191

周　文
何雨晴　新质生产力：中国式现代化的新动能与新路径………214

洪银兴　新质生产力厚植中国式现代化物质技术基础…………240

蔡万焕
张晓芬　新质生产力与中国式现代化
　　　　——基于产业革命视角的分析……………………………247

第 一 篇

新质生产力的基本内涵、核心要素与重要特征

黄奇帆 | 重庆市原市长
中国金融四十人论坛学术顾问

新质生产力的三个"新"

2024年《政府工作报告》提出，大力推进现代化产业体系建设，加快发展新质生产力。新质生产力是什么？有哪些相关的新兴产业和未来产业？展望2024年，谁能引领中国"新质生产力"？

新质生产力大致由三个"新"构成。

第一个新是"新制造"

我个人理解的"新制造"涉及新能源、新材料、新的医药、新的制造装备和新的信息技术五个领域，但称得上"新质生产力"的，不是那些普通的科技进步，不是边际上的改进，而是有颠覆性的科技创新。所谓颠覆性科技创新，我认为以下五个标准至少要满足一个。

一是新的科学发现。这是"从0到1"、从无到有的，对我们这个世界有新理解的重大发现。比如，量子科学、脑科学的研究可能会将人类对世界的认知、对自身的认知往前推进一大步。

二是新的制造技术。这是在原理、路径等方面完全不同于现有的技术路线，却能够对原有的工艺、技术方案进行替代的制造技术，比如，未来的生物制造，通过生物反应器的方式制造人类需要的各种蛋白、食品、材料、能源等。

三是新的生产工具。工具变革在人类发展史上始终处于重要地位，因为工具的革新带来了效率提升和成本下降，这样的例子有很多，比如，EUV光刻机（极紫外光刻机）的出现让7纳米、5纳米芯片制造成为可能，新能源汽车制造中的一体化压铸成型技术让新车的制造成本大幅下降，等等。

四是新的生产要素。过去的制造靠劳动力、资本、能源等要素，未来的制造中除了这些传统要素，还会有数据这一新的要素。新的要素介入让生产函数发生了新的变化，规模经济、范围经济、学习效应会产生新的交叉组合和融合裂变。

五是新的产品和用途。每一个时代都有属于那个时代进入千家万户的"四大件""五大件"，近几十年是家电、手机、汽车等，未来可能是家用机器人、头戴式VR/AR（虚拟现实/增强现实）设备、柔性显示器、3D打印设备和智能汽车等。

回到当下，我们发展新制造需要以发展战略性新兴产业和培育未来产业为重点，"十四五"规划提出要聚焦新一代信息技术、生物技术、新能源、新材料、高端装备、新能源汽车、绿色环保以及航空航天、海洋装备等战略性新兴产业，加快关键核心技术创新应用，增强要素保障能力，培育壮大产业发展新动能。在类脑智能、量子信息、基因技术、未来网络、深海空天开发、氢能与储能等前沿科技和产业变革领域，组织实施未来产业孵化与加速计划，谋划布局一批未来产业。

如今，我们看到全世界在这些领域的进展很快，人类正在以前所未有的速度推进科技进步，一批颠覆性的产品和科技将改变人们的生产生活方式，推动生产可能性曲线实现新的拓展和跃迁。

第二个新是"新服务"

服务成为生产力的重要构成是社会分工深化的结果。新生产力需要有新服务，这个服务的重点在于镶嵌在全球产业链、供应链中，对全球产业链具有重大控制性影响的生产性服务业。

关于服务业，世界经济版图里现在有三个特征。

第一个特征是，在各种高端装备里面，服务业的价值往往占这个装备或者这个终端50%~60%的附加值。比如，一部手机有1000多个零部件，这些硬件形成的附加值占产品价值的比例约为45%，其余约55%是操作系统、各种应用软件、各种芯片的设计专利等，也就是各种服务。这些服务看不见摸不着，但代表这个手机55%的价值所在。其他各种各样的高端装备、终端，差不多都有这样的特征。

第二个特征是，整个世界的服务贸易占全球贸易比重越来越大。30年以前，服务贸易占全球贸易总量的5%左右，现在已经达到30%，货物贸易比重在收缩，服务贸易在扩张。

第三个特征是，世界各国尤其是发达国家，其GDP总量中生产性服务业的比重越来越大。我们经常说美国的服务业占美国GDP的

80%，似乎有些"脱实就虚"，是不是有泡沫？需要注意的是，美国80%的服务业里面有70%是生产性服务业，这70%×80%就是56%，也就是美国25万亿美元的GDP里面差不多有14万亿美元是生产性服务业，是和制造业强相关的高科技服务业。欧盟27个国家服务业增加值占GDP的比重是78%，这78%里面有50%是生产性服务业，也就是欧盟GDP的39%是生产性服务业。美国生产性服务业增加值占GDP的50%以上，欧盟占40%左右，其他发达国家、G20国家的生产性服务业增加值占GDP的比重也大体为40%~50%。

相比之下，服务业的这三个特征恰恰是我国现在生产力的短板。我国2022年GDP中制造业增加值占27.7%，服务业增加值占52.8%，但这52.8%里面有约2/3是生活性服务业，生产性服务业不到1/3，也就是说，我国的生产性服务业增加值占GDP的比重为17%~18%，跟欧盟（40%）、美国（56%）相比差距是比较大的。

换言之，实现中国式现代化要加快发展生产性服务业，要实现高质量的中国制造，必须把跟制造业强相关的高附加值的生产性服务业增加值搞上去。

按照国家统计局的《生产性服务业统计分类（2019）》，生产性服务业包括为生产活动提供的研发设计与其他技术服务，货物运输、通用航空生产、仓储和邮政快递服务，信息服务，金融服务，节能与环保服务，生产性租赁服务，商务服务，人力资源管理与职业教育培训服务，批发与贸易经纪代理服务，生产性支持服务，共10大类。这10个板块和制造业是强相关的，制造业的各种附加值，服务性的附加值都是由它来代表，如果不到位则制造产品就不会高端化。截至

2022年，虽然我国制造业的增加值占全球的比重接近30%，但与制造业强相关的生产性服务业相对滞后，我国在全球产业链、供应链中位置不高的根源就在于这个方面。

此外，中国的服务贸易也存在结构比例与世界不同步的问题。根据联合国贸易和发展会议的数据，2019年，全球服务贸易占全球贸易总额的比例大体上为30%，中国的服务贸易占贸易总额的比重2022年仅为12%。我国服务贸易出口2022年是2.85万亿元人民币，一半以上是生活性服务业的出口。我国有3万多亿元人民币的服务贸易进口，进口的基本是生产性服务业，可惜进口的生产性服务业大部分不是中国贸易公司做的生产性服务业进口，而是外国服务贸易公司做的生产性服务业对中国的输出。

从这个意义上讲，培育新质生产力实际上就是要使中国服务业的50%是生产性服务业，整个GDP板块中生产性服务业要力争达到30%。如果我国的服务业占GDP的60%，60%里面有50%是生产性服务业，整个GDP板块中生产性服务业就能够占到GDP的30%。尽管还达不到欧盟（40%）、美国（56%）的比例，但是由现在的不到20%增加到30%，增加10个百分点，这10个百分点对现在120多万亿元的GDP来说就是约12万亿元。如果服务贸易也增加，从现在12%的比重增加到全部贸易总量的30%，就能使我国的高端制造中服务价值达到终端制造产品总体附加值的50%左右，这是新质生产力制造业的方向。生产性服务业提升了，新质生产力的制造也就提升了。

第三个新是"新业态"

培育新业态的核心是推动产业变革，是产业组织的深刻调整。我认为有两个关键推力。

第一个关键推力是全球化，新业态的形成要与全球潮流连在一起，形成国内国际双循环相互促进的新格局。我国要坚定不移推进制度型开放，促进形成新发展格局。这就是一个新的业态，是世界潮流，我国要培育新业态、新模式，需要内外贸一体化，换言之，我国的市场体制必须从规则、规制、标准、管理等方面进行改革，形成内外循环一体化、市场化、法治化、国际化的营商环境。

为此，2023年12月，国务院办公厅印发了《关于加快内外贸一体化发展的若干措施》，提出要对标国际先进水平，促进内外贸标准衔接、检验认证衔接、监管衔接，推进内外贸产品同线同标同质。国务院的这些措施正是这个改革的内在目标。

第二个关键推力是数字化，形成产业互联网。现在我国消费互联网做得风生水起，而产业互联网基本上刚刚开始。产业互联网不仅是国内产业的互联网，还包括国际的产业互联网，这种产业互联网有两种。一种是一个企业集团、一个大型制造企业从设计、市场、信息、销售信息到开发、制造、物流的一体化数字系统，这是在讲一个个企业的产业互联网，就跟我们20世纪90年代讲的SaaS（软件即服务）、2000年以后讲的ERP（企业资源计划）一样，是企业制造业的工业自动化，是从市场到销售、设计整个自动化的产业互联网系统。

但是市场正在发展的是另一种产业互联网，它依托互联网平台和各种终端，将触角伸到全世界的消费者，根据消费者的偏好实现小批量定制、大规模生产、全产业链贯通、全球化配送。这样的平台上集聚了几百家提供生产性服务业的研发设计、金融保险、物流运输等企业，几千家制造业企业，以及上万家各种原材料供应商，这些企业之间用数字系统进行全面贯通。依托这样一个产业互联网平台，这些企业形成了以客户为中心的全产业链紧密协作的产业集群，真正实现了以销定产、以新打旧、以快打慢。现在这样的产业互联网，中国有那么一批，这样的平台放在哪一个城市，哪一个城市就因此产生几千亿元、上万亿元的销售额，同时产生几千亿元、上万亿元的金融结算，还会产生物流和各种其他服务，就变成金融中心、贸易中心、服务中心。所以谁掌控未来产业互联网全球的平台，谁就是"三中心"莫属。

总之，以战略性新兴产业和未来产业为代表的新制造，以高附加值生产性服务业为代表的新服务，以及以全球化和数字化为代表的新业态，形成的聚合体就是新质生产力。我国在制造业板块、服务业板块、新业态板块都有巨大的潜力，现在的短板就是未来巨大的增长极，我们希望通过培育新质生产力推动中国制造业克服短板，并使之成为未来发展的新增长极。

（本文根据作者2024年1月7日在第二十五届北大光华新年论坛发言整理）

贾　康　财政部财政科学研究所原所长
　　　　　华夏新供给经济学研究院创始院长

新质生产力的点题与破局

谢谢主持人，大家好！我抓紧时间作一个发言汇报。发言题目是命题作文《新质生产力的点题与破局》。我按照研究者定位，试图理论联系实际向大家汇报一下自己的认识框架。

第一个层次，先勾画一下应该怎样理解生产力这个概念。生产力是决定经济社会发展、生产关系和社会制度、上层建筑演变的最根本性决定因素，这是马克思主义唯物史观明确阐述的。在人类脱离动物界以后就有了特定的社会生产力，初期即为劳动者、劳动对象、劳动工具三要素组合，总的趋势是从自然分工开始的上升、升级。一开始脱离动物界的原始人群，按照自然分工，男性更多的是从事狩猎，女性是采集和带孩子。以后终于有了农业革命，生产力上了大台阶，这是最值得提到的所谓质的演变。再后来，于农业革命之后近万年，有了工业革命，这更是一个以质变方式上了大台阶的重大变革，马克思、恩格斯说，资产阶级在它的不到100年的阶级统治中所创造的生产力，比过去一切世代创造的全部生产力还要多，还要大。我们现在所处的，是再上一个大台阶，生产力发展到信息革命的时代。这几个台阶，学术上的描述是"阶跃式上升"。人类至少一百万年以上曾处于努力维持生存、延续后代的过程，农业革命几千年后才是工业革命，到现在也就是二三百年，信息革命的"新经济"社会就到来了，日新月异让人眼花缭乱的创新大潮，以加速度方式呈现在我们面前，同时带来的就是日新月异发展中具有挑战性的一系列问题。生产力是直接表现人和自然界的关系，体现在投入产出过程中，以多种供给要素结合，提供满足人类需要的有效供给。

本次会议开始时，会长讲话已说到我们行业感受到的需求不足、产能过剩，这是生产力发展到一定阶段困扰我们的总量和结构混合在一起的现实问题，解决这个问题，跟会长提到的两个"问题导向"之下必须正视的不足之处有关：一个是创新能力弱，一个是应对绿色低碳挑战能力弱。在概念上，这并不能归结为所谓的"生产力过剩"问题。1989年后《人民日报》上曾出现过这个概念，但其实其根本不成立，不可能获学界认可。生产力本身不会存在过剩问题，生产出来的产品则可能存在过剩问题，那么就是一定与结构的失衡问题相关。我们现在讨论"新质生产力"，对此先要有一个正确的理论概念把握。

第二个层次，要正面谈到对于新质生产力的理解。习近平总书记在黑龙江视察时已作表述、新近中共中央政治局会议进一步强调新质生产力，在背景上，是中国推进现代化所必需的以创新发展作为第一动力实现高质量发展。我认为从基础理论层面作相关理解领会，至少有关于"新质"的两大视角。

第一个视角，是人类供给侧创新中所形成的阶跃式发展所带来的具备质变特征的生产力新水平、新境界。如作大的划分，比如，工业革命形成的生产力，比之农业革命时代的生产力，是新质生产力。如作细的划分，比如，信息革命时代之中，移动互联网所支持形成的生产力，比之有线互联所支持的生产力，是新质生产力；又如，当下，向未来展望，将来量子计算机所支持形成的生产力，比之电子计算机所支持形成的生产力，是新质生产力。我已经看到即将推出书名暂定为《量子霸权》的译著，看了以后感觉到日益紧迫的挑战性：既令人鼓舞，又令人感到一系列考验正在人类社会面前展开。

第二个视角，是生产力发展中供给侧要素组合的升级版所带来的具备质变特征的生产力新水平、新境界。硅谷最近以人工智能突破产生巨大的乘数放大效应，正是这个原理在实践中的体现。从单个要素的组合及其升级看，涉及科技第一生产力，公式表现上，生产力三要素要升级为：（劳动力＋劳动对象＋劳动工具）× 科技成果应用。说全了，在有劳动力，有资本，有自然资源（一般来说土地可以代表整体的自然资源），有科技成果应用之外，还一定不能够忽视制度和管理，特别是中国在以改革解放生产力这个思路之下，实际生活中纲举目张，首先是要注重制度创新，而制度创新现在走到了改革深水区，必须攻坚克难——这方面的难度，全社会都感受到了。习近平总书记说，他的感觉就是好吃的肉都吃完了，剩下的都是骨头，怎么样能够把硬骨头啃下来，这是历史性考验。劳动力、资本、自然资源，加上科技、制度与管理，这个要素组合视角下的生产力，对应了"全要素生产率"概念，必须充分考虑不易量化，但作用会表现为举足轻重的乘数放大效应的科技与制度因素。

所以我认为，全面把握新质生产力的内涵，应该是前面两个不同视角认识的综合。即中央要求的"推动新质生产力加快发展"，应该包括把握住科技创新的前沿创新，以及全要素生产率的提升，来对冲劳动力、资本、自然资源等传统供给要素支撑力的下滑。这些年大家都意识到，开始出现了民工荒、招工难、用工贵，劳动力低廉成本优势在迅速丧失——当然这也是发展过程中特定角度的好事：低端劳动者收入在明显提高，不给这些原来的"粗工壮工"以较高工资，他们就不在你这儿干了，自然有别的地方用高薪把他们拉走，但另一方面，国际竞争力上，我们原来以低廉劳动成本这一要素形成的相对优势，正在退掉它的支撑力。我国以土地为代表的自然资源的综合开发，成本也明显提高，到了征地拆迁补偿环节，往往矛盾积累激化到经济问题变成社会问题甚至是不安定问题。更高的这些成本，带来的对于发展的拖累，必须得到对冲。对冲劳动力、资本、自然资源等下滑，而形成升级发展新动力源的制度创新、科技创新、管理创新的组合，我理解，其实这就是中央所说的创新发展作为第一动力，在中国场景下现在我们必须把握的一个系统工程，也是打造新质生产力所紧密关联的内涵。

第三个层次，汇报一下中国现在爬坡过坎关键时期，加快发展新质生产力应如何打开新局面的认识，这也是命题作文后面对接务实的考虑。我谨此在大思路上谈一下自己的初步认识。

第一个方面，我认为应该特别强调"解放生产力"的制度创新是发展新质生产力的龙头因素。社会上普遍存在的"改革综合疲劳论"早已经发生，前不久参加亚布力中国企业家论坛，一些重要学术机构的教授和参加讨论的企业家，几乎一边倒地说不要谈改革了，那就说说政策调控——当然我跟他们有辩论。他们说改革不起作用，其实是指形式主义的假改革和表面文章，文件特别多，讲了那么多改革，大家眼花心乱，却无从下手。形式主义、朝令夕改都不是改革，真改革要攻坚克难动真格。从基本逻辑上讲，改革是最大红利之所在，高水平改革开放，是实现高质量可持续发展的大前提，是新质生产力纲举目张的纲。必须在改革深水区的攻坚克难，中央已经给出明确口风，即谋划新一轮重大改革，这又配合着谋划新一轮财税改革。这个可行配套方案，可能就是对接到将召开的中央全会，指导我们动真格啃硬骨头。

第二个方面，落实到科技创新成果应用的科技创新，是发展新质生产力的关键，要以我们追赶－赶超战略与比较优势战略的合理组合搭配，充分发挥科技第一生产力的重要作用。现在说的中国中高速的高质量发展，其实它的速度就是第一阵营发达经济体里美国最满意速度的两倍以上，是欧洲、日本最满意速度的三倍以上。这种超常规的追赶－赶超战略，当然需要有理性的设计和正确的把握，同时结合着传统上大家都认同的比较优势战略。比较优势战略是在把最高端排除以后下面大量的中高端、中端、低端这些领域里，确实可以在双循环里不断追求的正面效应，但是真正最高端的领域，比如，高科技"卡脖子"问题，比较优势战略就碰到天花板，完全无法解决问题了。你用比较优势，以物易物互通有无，用天价也不可能买来卡中国脖子的高端芯片，多少钱人家也不会卖给你高水平航空发动机的技术。这也是考验我们如何实现高端突破的系统工程。

第三个方面，战略思维上必须以大家越来越认同的"数实融合"头部平台的带动作用，带出专精特新集群和全产业链的升级发展，落在改变中国主要产能在全球价值链"微笑曲线"上的位置。现在我们主要的位置还是在中间加工，更多地在升级发展中，我们要占据创意创新成功、确立成功品牌的左边这一端，以及右边末端的品牌营销售后服务。

第四个方面，还有企业家对接市场。企业家都认同"细节决定成败"。我认为这是在前面有对于大方向的正确把握、对于基本战略思路的正确把握以后，一定是再要落到细节决定成败上，把所有可能做好的事情，争取做到极致，当然是发展新质生产力的务实保障。这就要在充分肯定和大力弘扬企业家精神取向下，具备企业决策与经营管理的高水平，而宏观上面对应的就是宏观治理的现代化。这样，新质生产力运行和正面效应，才可望落地生根开花结果，最后落到市场上、国际竞争中。我们必须务实抓好年复一年、日复一日的管理过程，把企业家推崇的看起来简单的事情，一天一天做到极致就是不简单，把每件容易的事情做到最佳状态就是不容易——这是在这一视角上说到的生产力里面我们要掌握的要领。

再一个层次，我们得面对实际的利益阻碍和惰性约束，在思想解放和观念创新方面真正推进。当然这很有难度。实话实说，习近平总书记已经在不同场合多次强调思想再解放，意味着跟上工作再抓实，也意味着这才能在打开新局面上我们有一个实质性推进的境界。发展新质生产力的先行军，我认为不能忽视思想观念的再解放，进而带出改革深化解放生产力，科技更振兴，管理工作更抓实，使我们得到充满生机活力的发展新局面。

在结束之前，结合自己一点研究体会，结合能源化工行业，再说一个特定的观察和感受。在前些年（应该是2015年前后），我曾经参加宁东能源基地煤炭液化项目的课题研究。现在我知道此项目后来相当成功，也看到《中国化工报》上有一版专门介绍这个项目在2016年全负荷运转，2017—2018年进入盈利阶段，还带出一个产业集群。但在当时看，前景不明，非常有挑战性。项目运营绩效跟国际油价直接相关，就是双循环里受到国际方面我们不能直接决定因素的重大影响。但我们中国自己如果从战略角度考虑，这种产能，不光是有一般而言运行方面提供由煤变成燃油这种有效供给，同时对应的是整个考虑下来，中国在国家安全、能源安全方面想到极端情况之下，这种我们自主掌握的产能，能不能够支撑特别不利局面的实际问题的解决。所以当时我们认为，经过测算以后（可以大致估计一下国际油价演变情况），投资之初的几年，估计财政要给一定的减税和补助支持，扛过这样的瓶颈期和压力期。当一个波动期间走过，是可能迎来亏损变盈利的。现在看，果然轨迹就是如此。但以后，会不会又出现这种波动？谁也不能排除有这种可能性。因为谁也不是算命先生，所以在这次会议上，跟相关部门领导、企业界人士有一些简单沟通，我又特别意识到，中国新质生产力发展中间，还要强调在中国整个发展特定阶段受到外部美国带头的打压、可能有中央说的要应对意料不到的惊涛骇浪的考虑下，我们要贯彻"守正出奇"战略思维而对接上操作预案和适应性方案的必要性。煤炭的液化，是对接中国基本国情——基础能源方面生产要素供给是"以煤为主"，中央说仍然不能否定这个基础，在这个格局下，宁夏400万吨煤定液化制油产能，已明确说要再翻倍，900万吨以上的增量加上去，怎么样处理好？周到考虑，便需要有守正出奇的创新机制。听说过中国"两桶油"（实际上是三桶油），它的亏损和盈利是受国际市场油价制约的，中国怎样结合这样的制约，既尊重市场、顺应市场、兼容市场，又要超越市场、弥补市场的不足而达到一定的稳定确定性状态呢？财政方面曾经推出当时称作"石油暴利金"的机制，"几桶油"有明显商业性盈利的时候，要征收这样的暴利金，而在它亏损的时候，通过规范程序要给它补助。这不是简单按照商业原则可以确定的一种机制，是从中国总体来说，超越了比较优势战略而对接到追赶–赶超战略而设计的一个总体框架上非常有必要性的"守正出奇"机制，服务于长期稳定运行和有较大把握的应变能力。这个政策性机制是不是可以借鉴到现在煤炭液化以后的长久运行上面？我觉得值得探讨。这对新质生产力概念下我们这个行业处理好错综复杂的相关问题，是不是有一定的代表性和启示意义？我已经感受到，至少是可以进一步探讨的重要视角。

总体来说，新质生产力在支持中国式现代化的发展过程中，意味着创新驱动为第一动力的新境界、新体系，使中华民族根本利益、人民美好生活需要，得到有效供给，形成可持续升级发展过程。我们这个会议主题讨论的新质生产力和我们这个行业在前进中间怎么支持现代化，自然就有机合成了一个总体，要求我们又要胸怀全局，又要立足本行业，掌握好一个系统工程。

（本文系作者在2024能源·化工雁栖湖科创大会上的发言）

魏崇辉 上海交通大学马克思主义学院教授、博士生导师

新质生产力的基本意涵、历史演进与实践路径

2023年9月7日，习近平总书记在黑龙江省主持召开新时代推动东北全面振兴座谈会时指出："积极培育新能源、新材料、先进制造、电子信息等战略性新兴产业，积极培育未来产业，加快形成新质生产力，增强发展新动能。"这是首次提出"新质生产力"这一重要概念。9月8日，习近平总书记再次指出："整合科技创新资源，引领发展战略性新兴产业和未来产业，加快形成新质生产力。"这不仅为新时代东北地区推动高质量发展指明了方向，也为全国推动生产力跃迁明晰了发展方向，进而对全面建成社会主义现代化强国有重要指导意义。

生产力这一概念由来已久。马克思、恩格斯发展了古典政治经济学家提出的生产力概念，并对其进行了历史唯物主义的改造，为新质生产力提供了理论养分。新中国成立以来特别是改革开放以来，中国经济社会飞速发展，科技水平提高带动产业结构剧变，为新质生产力

提供了实践支撑。新质生产力这一重要概念在理论上扩展了马克思主义生产力学说，在实践上指导我国高质量发展进程。

如何理解新质生产力的内涵？在习近平总书记的重要论述中，"整合""引领""培育"三个关键词为我们提供了理解的概念线索。过去通常将科技要素看作先进的制造工艺和生产设备等实体形态，是生产过程的"独立因素"。如今科技与其他生产要素结合愈发紧密，渗透于生产各环节，逐渐成为生产过程的"灵魂"。新质生产力之"新"，就在于科技创新，不仅是科技本身创新，更是以科技创新生产。"整合"，就是要组织起企业、高校、科研院所等创新资源，协同攻关科技难题。"引领"，就是要发挥科技在各要素中的核心作用，引领劳动者、制造设备、管理方式等要素全面升级。"培育"，就是要加快科研成果向实际效益的转化，以科技赋能产业全过程，形成现实的生产力。

一、新质生产力的基本意涵

（一）从新时代的话语语境把握新质生产力的生成逻辑

习近平总书记在东北考察时强调要积极培育"战略性新兴产业"和"未来产业"，说明新质生产力的概念不是偶然提出的，而是经过充分酝酿，与产业结构升级有密切联系。

第一，新质生产力是立足新一轮科技革命和产业变革的时代背景提出的。纵观人类社会发展进程，每一次科技革命都引领了一轮产业变革，极大地改变了生产生活方式，提高了人们的生活水平，深刻地改变了国际力量格局。当今世界正处于百年未有之大变局，科技在这一变局中扮演着"推动者"的角色，随着新一轮科技革命和产业变革深入发展，全球产业结构和布局深度调整，推动世界政治格局深刻转变。大数据、人工智能、5G通信、量子科技、生物技术等领域取得颠覆性技术突破，正在酝酿诞生一批未来产业；材料科学、环境科学、生命科学、能源科学等多学科交叉融合发展，推动多领域技术融合创新；新兴科技不断赋能传统产业，机械工程、服装设计、汽车制造等行业焕发新的生机，实现了新旧动能转换。新科技催生新产业，新产业塑造经济发展新动能，这是新质生产力在当今时代背景下的具体表现。

第二，新质生产力是结合东北地区的现实产业布局和战略地位提出的。新中国成立以来，东北地区作为"共和国长子"，产业结构一直都是以重工业和传统制造业为主，是我国重要的重工业基地，在国防安全、能源供给、机械制造等方面为我国社会主义建设作出了巨大贡献。然而，伴随着改革开放的浪潮，新兴产业在我国迅速发展，东北地区传统重工业单一的生产结构和单纯依靠国有企业的管理体制未能得到及时改善，加之石油、矿产等资源日渐枯竭，东北地区逐渐被其他地区拉开差距，经济转型、产业升级成为东北地区的迫切任务。新质生产力能够推动传统产业的深刻变革。传统产业是以传统能源为动力，以传统的生产方式为载体的，新质生产力则为传统工业更换了动力引擎和作业载体，从而实现产业形态升级，这正是适合东北地区的经济转型模式。正如习近平总书记指出的"积极培育新能源、新材料、先进制造、电子信息等战略性新兴产业"，是结合东北产业已有优势和现实困境提出的，对东北地区推动高质量发展有重要指导意义。

第三，新质生产力是在擘画我国高质量发展未来蓝图过程中提出的。改革开放以来，我国取得了举世瞩目的经济发展成就，国内生产总值跃升并稳居世界第二，初步解决了"有没有"的问题。中国特色社会主义进入新时代，以习近平同志为核心的党中央提出我国经济发展进入新常态，从高速度增长模式转向高质量发展模式，着力解决"好不好"的问题。10多年来，我国推动建设现代化产业体系，如安徽将新能源汽车产业提升为首位产业，江苏围绕生产母机、生物医药等项目进行技术攻关，武汉光电子信息产业带动湖北制造业迈上新台阶等，战略性新兴产业在推动高质量发展中提供了强劲的经济动能。同时，也要清醒地看到存在的不足：发展不平衡不充分问题仍然突出，传统制造业升级转型任务繁重，基础研究投入占比不高，科研成果转化率偏低，部分关键核心技术仍受制于人等。

（二）从马克思主义经典论述把握新质生产力的学理渊源

新质生产力，本质上仍是一种生产力。生产力是马克思主义哲学与政治经济学中的重要范畴，马克思、恩格斯早期的生产力思想受斯密、李嘉图的"劳动生产力"和李斯特的生产力理论影响，使用他们定义的生产力概念。撰写《德意志意识形态》时，马克思、恩格斯已经向历史唯物主义者转变，对生产力概念进行了哲学上的阐释。撰写《哲学的贫困》时，马克思对生产力概念进行了明确的表述，构建起体系化的生产力理论。此后，马克思转向政治经济学研究，在《经济学手稿（1857—1858年）》《资本论》等著作中对生产力概念进行了政治经济学上的补充。新质生产力不仅是站在历史唯物主义高度上提出的，而且在马克思主义政治经济学逻辑中有其理论渊源。

第一，在唯物史观视域下探寻新质生产力的理论逻辑。与古典政治经济学家不同，马克思、恩格斯将生产力这一经济学范畴放在唯物史观的视域下进行研究，从而赋予它鲜明的哲学色彩。在《德意志意识形态》中，以"现实的人"为基本前提，马克思、恩格斯指出生产力对人类社会历史具有的决定性意义，"人们为了能够'创造历史'，必须能够生活。但是为了生活，首先就需要吃喝住穿以及其他一些东西。因此第一个历史活动就是生产满足这些需要的资料，即生产物质生活本身"。这指明了生产力是为了满足人们实际需求的物质生产力量，不仅是人类历史的物质基础，而且是人类社会存在和发展的根本动力。在此基础上，马克思在《哲学的贫困》中廓清了生产力与生产关系、社会关系之间的相互制约关系，指出："随着新生产力的获得，人们改变自己的生产方式，随着生产方式即谋生的方式的改变，人们也就会改变自己的一切社会关系。"此外，在揭示生产力概念时，马克思指出，生产力的基本要素不仅包括生产工具，还包括劳动者："在一切生产工具中，最强大的一种生产力是革命阶级本身。"进一步拓宽了生产力的内涵，将人的本质力量提高到生产力的高度。从马克思、恩格斯对生产力的论述中，至少可以总结出三点新质生产力诞生的逻辑基础：一是新质生产力作为塑造经济新动能的强大物质力量，是为了满足人民群众的实际需求而提出的；二是新质生产力的形成必然伴随并要求生产关系的重塑，新兴产业和未来产业的生产模式正是超越传统生产关系的体现；三是新质生产力要求整合科技创新资源，其中包含科技、人才、数据、信息、管理等多个要素。

第二，从马克思主义政治经济学角度探寻新质生产力的实践逻辑。马克思转向政治经济学研究后，对科技与资本相结合产生巨大生产力推动资本主义发展的历程作了详细的阐释，为新质生产力的塑造提供了依循。首先，马克思对科技应用于资本主义生产的历史过程作了说明。18世纪70年代以蒸汽机为代表的第一次科技革命推动西欧国家完成了产业革命，为资本主义生产方式奠定了物质基础。马克思指出，"固定资本的发展表明，一般社会知识，已经在多么大的程度上变成了直接的生产力"。换言之，科技作为知识形态的存在物，也可以成为"对象化的知识力量"，推动经济社会发展。其次，马克思揭示了科技作为生产力的组成要素具体产生效益的方式。一方面，科技作为劳动资料直接参与生产过程，如制造工艺或效率的提高，"它们是人的手创造出来的人脑的器官"。另一方面，科技不直接参与生产，而是在产业融合、资源聚集等方面发挥作用，"不变资本便宜化的其他方式建立在发明的基础上……是由把这些不变资本作为产品生产出来的那些生产领域中的劳动生产率的发展所造成的便宜化"。最后，通过对科技在资本主义生产中异化的阐述，马克思指出科技在生产中的应用带有社会制度的印记。一是人与自然关系的异化。资本的逐利性使科技"在一定时期内提高土地肥力的任何进步，同时也是破坏土地肥力持久源泉的进步"。二是劳动者的异化。机器大工业使工人"不再是生产过程的主要作用者，而是站在生产过程的旁边",丧失了主体性地位。三是科技自身的异化。"在机器上实现了的科学……只表现为劳动的剥削手段",不再朝着社会需要的方向进步。从此论述中同样可以总结出至少三点新质生产力的实践逻辑:一是科技与生产过程结合能形成现实的生产力,构成新质生产力的底层逻辑;二是科技与生产结合方式多样,要求着眼生产全过程,整合好科技创新资源;三是中国特色社会主义制度规范新质生产力的发展方向,要深化体制改革促进新质生产力的形成。

(三)从生产要素的多样性把握新质生产力的核心内涵

马克思内在地提出了生产力组成要素的多样性。在细致考察资本主义生产后,马克思提出了多种不同的生产力,包括"物质生产力和精神生产力""社会生产力""科学生产力""自然生产力"等,这些表述内在地扩充了生产力概念的范畴,构建起多维度的生产力体系。马克思还进一步说明了这种多维度生产力概念的由来。如对于自然生产力,马克思指出:"应用机器,不仅仅是使与单独个人的劳动不同的社会劳动的生产力发挥作用,而且把单纯的自然力——如水、风、蒸汽、电等——变成社会劳动的力量。"生产力是结构复杂的系统,其基本要素包括劳动资料、劳动对象和劳动者,但马克思也指出了自然、管理、科技等在生产中发挥的作用,这被学者总结为生产力的两种生产要素理论,即一种是实体性要素,包括劳动者、劳动资料和劳动对象;另一种是渗透性要素,包括科学技术、劳动组织和生产管理等。

中国特色社会主义进入新时代以来,我们党进一步发展了马克思主义生产要素理论。在新一轮科技革命和产业变革的背景下,以习近平同志为核心的党中央不断深化对人类文明发展规律和生产力发展规律的认识，牢牢把握当下生产力组成要素中的活跃成分，将一切积极因素与国家发展全局结合起来，提出了一系列关于生产要素的重要论述，为我们深刻理解新质生产力的内涵提供了思路。2014年在参加十二届全国人大二次会议贵州代表团审议时，习近平总书记指出，"绿水青山就是金山银山"，"保护生态环境就是保护生产力，改善生态环境就是发展生产力"，提出了"生态生产力"的概念，深化了马克思主义的自然生产力概念；结合我国生产力的现实布局，党的十九大报告提出"提高全要素生产率，着力加快建设实体经济、科技创新、现代金融、人力资源协同发展的产业体系"；2018年在全国网络安全和信息化工作会议上，习近平总书记强调，"要加快推动数字产业化，发挥互联网作为新基础设施的作用，发挥数据、信息、知识作为新生产要素的作用"，提出了三种全新的生产要素；2022年在十九届中共中央政治局第三十八次集体学习时，习近平总书记指出，"资本是社会主义市场经济的重要生产要素""资本是带动各类生产要素集聚配置的重要纽带"，强调资本这一特殊生产要素在生产中发挥的独特作用；党的二十大报告提出"加快建设现代化经济体系，着力提高全要素生产率"，阐明了当下生产力组成要素的丰富多样。

新质生产力的理论逻辑根植于生产力要素的多样性。它强调的是质态的新，而质态取决于在生产力中发挥关键作用的各生产要素。新质生产力不同于马克思提出的"精神生产力""自然生产力""科学生产力"等概念，它强调的并不是某种单一的生产要素，而是突出其中"新"生产要素对旧生产要素的超越。因何而新？科技创新是关键。但新质生产力又不仅仅指科技生产力,它有更丰富的内涵。科技生产力强调的是,相较于其他要素,科技这一要素在生产过程中起更主要的推动作用;新质生产力强调的是以科技为引领,全面推动各生产要素的创新,最终实现产业升级和生产力的跃迁。如前所说,科技已经不再作为一种具体的生产要素而发挥作用,而是作为一种渗透性要素深刻融入其中每一具体环节。在战略性新兴产业和未来产业的生产过程中,从实体性要素——高素质劳动者、高效生产设备、优质加工材料,到其他渗透性要素——组织、管理、知识,再到新型生产要素——数据、信息等,都离不开科技创新的支撑。加快形成新质生产力,就是要组织好企业、高校、科研院所等单位,以科技创新为引领,将生产过程中的一切要素组织起来,实现产业全链条全方位全覆盖的跃迁。

二、新质生产力的演进逻辑

新中国成立 70 多年来,在解放和发展生产力的政治实践中,中国共产党人不断深化对生产力范畴的认识,将马克思主义科学技术思想与中国革命、建设、改革的伟大实践结合起来,逐渐形成了中国特色的马克思主义生产力学说,极大地促进了我国经济社会发展,为新质生产力的提出夯实了理论基础、提供了实践支撑。历史是最好的教科书,回顾我国历代中央领导集体关于科技生产力的思想,回顾各个历史时期关于科技事业的政策,并总结我们党利用科技创新发展社会生产力的基本经验,对当前各地发展战略性新兴产业和未来产业,加快形成新质生产力具有重要的指导借鉴意义。

（一）生产力中科技作用的凸显（1949—1977年）

以毛泽东同志为核心的党的第一代中央领导集体在推动我国工业化建设时，内在地提出了利用科技建设社会主义的思想。新中国成立初期，国内一穷二白，国防、经济、民生各领域百废待兴。面对这样的局面，毛泽东在《关于农业合作化问题》中指出："中国只有在社会经济制度方面彻底地完成社会主义改造，又在技术方面，在一切能够使用机器操作的部门和地方，统统使用机器操作，才能使社会经济面貌全部改观。"表明我们党已经充分认识到科技在经济建设上的重要性。1963年，周恩来在上海市科学技术会议上指出："把我们祖国建设成为一个社会主义强国，关键在于实现科学技术的现代化。"同年12月，毛泽东在听取聂荣臻关于十年科学技术规划问题的汇报时更是指出"不搞科学技术，生产力无法提高"，将科技进一步拔高到提高生产力的高度。

在这些思想的指导下，我国组织规划全国科研工作，以解决国民经济发展计划中的现实问题。1956年在关于知识分子问题的会议上，我们党发出了"向科学进军"的号召，并开始着手制定《1956—1967年科学技术发展远景规划》。在总体思路上，把"以任务带学科"作为主要的原则，以国民经济和国防建设的科技任务带动学科发展。为保证"十二年科技规划"的实施，我们党构建了具有"大科学"特征的国家科技体制。要"集中力量，把各方面的力量统统组织起来，通力合作来完成国家任务"。我们党组建了中央专门委员会，负责协调动员国家各方面力量来完成重大科研任务，在"两弹一星"等工程上取得了圆满成功。

这一历史时期，我国科技事业政策呈现鲜明的现实目标导向，科技体制具有高度集中和充分计划的特征，为当前我国在塑造新质生产力中党和政府发挥领导作用提供了思路。此时对科学技术的理解主要在实体形态上，强调其作为工具的应用性。

（二）生产力的内涵丰富及其实践推动（1978—2011年）

以邓小平同志为主要代表的中国共产党人在改革开放的浪潮中不断将科学技术与中国特色社会主义伟大实践结合，创造性地提出"科学技术是第一生产力"的论断，极大地丰富和发展了马克思主义生产力学说。早在1975年邓小平复出主持工作时，他就以巨大的政治勇气提出："科技人员是不是劳动者？科学技术叫生产力，科技人员就是劳动者！"在1978年的全国科学大会上，邓小平再次强调："科学技术是生产力，这是马克思主义历来的观点。"并从生产力的基本要素劳动资料和劳动者入手，说明科技是作为知识形态通过与二者的深度融合而成为生产力的。这表明我们党对科技的理解更加深入，看到了知识形态的科学是潜在的生产力。邓小平指出："许多新的生产工具，新的工艺，首先在科学实验室里被创造出来。"他认为，发展科技就是发展生产力，将科技提高到生产力这一唯物史观重要范畴的高度，提高了科研工作者的地位。他认为从事科研工作就是从事生产，指出科学技术队伍就是工人阶级的一部分。1988年，邓小平总结改革开放后10年来的社会主义建设经验，进一步地提出："马克思讲过科学技术是生产力，这是非常正确的，现在看来这样说可能不够，恐怕是第一生产力。"这里的"第一"有极为丰富的内涵，前瞻性地包含了新质生产力提出的内在逻辑：一是科技作为生产力的组成要素日渐在生产过程中发挥决定性作用；二是科技与生产的结合日益紧密，科技转化为现实的生产力的速度大幅提高；三是科技对生产活动具有引领作用，科研的突破能带动产业发展。

为落实邓小平关于科技生产力的思想，与经济体制改革相适应，我国对科技体制进行了大刀阔斧的改革，以促进知识形态的科学技术从潜在的生产力转化为现实的生产力。1981年，国家科委向党中央递交了《关于我国科学技术发展方针的汇报提纲》，其主要内容最终形成了"经济建设必须依靠科学技术，科学技术必须面向经济建设"的指导方针，为我国科技体制改革指明了方向。1985年，中共中央发布《关于科学技术体制改革的决定》，对运行机制、组织结构、人事制度等方面进行改革。具体而言，优化拨款制度，以国家拨款、项目申请、自主筹措等形式增加科研经费来源；畅通科研成果商品化的渠道，开拓科技市场；调整组织架构，促进产研一体化发展；部署科研纵深配置，加强应用研究，重视基础研究；等等。从中不难看出，改革的中心任务就是要解决科技经济"两张皮"的问题，推动科技经济深度融合，以科技引领一批新兴产业的发展。国务院相继推出《关于进一步推进科技体制改革的若干规定》《关于深化科技体制改革若干问题的决定》等文件，更加突出了科研生产联合的方针。在科技体制改革的推动下，我国实施了一系列指令性计划，如"863计划"、"973计划"、星火计划、火炬计划等，形成了科技赋能传统产业、推动高技术产业化和加强基础性研究三个层次的纵深部署来实现科技向现实的社会生产力的转化。

以江泽民同志为主要代表的中国共产党人继承并发展了邓小平关于科技生产力的思想。2001年，在提出"三个代表"重要思想后，江泽民指出："科学技术是第一生产力，而且是先进生产力的集中体现和主要标志。"阐述了"科技是第一生产力"的具体表现形式，揭示了科学技术和先进生产力的内在联系。此外，江泽民特别重视教育与人才等资源对科技的支撑作用，在1995年的全国科学技术大会上，他指出，"科教兴国，是指全面落实科学技术是第一生产力的思想，坚持教育为本，把科技和教育摆在经济社会发展的重要位置，增强国家的科技实力及向现实生产力转化的能力"，更为广泛地整合科技资源发展先进生产力。江泽民将邓小平的科技生产力思想推向21世纪，进一步探析了科技与先进生产力之间的关联。

以胡锦涛同志为主要代表的中国共产党人坚定不移推进科技体制改革，推动科技与经济结合更加紧密。胡锦涛尤其重视创新在科技发展中的作用。面对加入世贸组织带来的全球性竞争压力，他指出要靠科技创新突破发展困境，把增强自主创新能力摆到全部科技工作的首位。2006年，国务院发布《国家中长期科学和技术发展规划纲要（2006—2020年）》，贯穿其中的核心思想就是"增强自主创新能力，建设创新型国家"。2010年，国务院颁布《关于加快培育和发展战略性新兴产业的决定》，拟定了节能环保、新一代信息技术、生物等七个产业为重点发展方向。此外，在大力实施科教兴国的基础上，我们党进一步提出人才强国战略，强调人才是科技创新的关键。

这一时期，我们党实现了马克思主义科学技术观和生产力学说上的突破，从科技是第一生产力到科技是先进生产力的集中体现和主要标志，再到重视自主创新与人才资源，我们党将这一理论层层推进，为新质生产力的出场做了大量的理论探索。实践上，我国科技体制愈发完善，科技水平突飞猛进，新兴产业日渐成熟，为新质生产力的出场提供了实践基础。

（三）新质生产力的出场（2012年—）

党的十八大以来，以习近平同志为核心的党中央高度重视科技创新工作，深刻认识和遵循经济发展规律和科研规律，针对我国经济情况和科技事业面前的突出问题和挑战，提出了一系列关于科技创新的重要论述，是习近平新时代中国特色社会主义思想的重要组成部分。在这一思想的指导下，我国着力加强创新创业创造，推动战略性新兴产业从培育壮大到引领发展的跃升。新质生产力呼之欲出。

党的十八大报告提出："科技创新是提高社会生产力和综合国力的战略支撑，必须摆在国家发展全局的核心位置。"将科技创新在今后工作中的地位提到了新高度。在2014年中国科学院第十七次院士大会、中国工程院第十二次院士大会上，习近平总书记指出，"只有把核心技术掌握在自己手中，才能真正掌握竞争和发展的主动权"，"我们没有别的选择，非走自主创新道路不可"。从应对百年未有之大变局的角度揭示了科技创新的重要性和必要性。在2015年的全国"两会"上，习近平总书记首次提出"创新是引领发展的第一动力"，扩充了"科技是第一生产力"的内涵，其背后逻辑在于几十年间世情国情的转变，更加突出了创新在当下对经济发展的推动力。党的十九届五中全会公报提出，要"把科技自立自强作为国家发展的战略支撑"。在2021年中国科学院第二十次院士大会、中国工程院第十五次院士大会和中国科协第十次全国代表大会上，习近平总书记再提"科技自立自强"，并为其加上"高水平"前缀，说明了科技创新在中华民族伟大复兴战略全局中的支撑引领作用。在2020年科学家座谈会上，习近平总书记将先前提出的"三个面向"扩充为"四个面向"，指出科技创新要"面向世界科技前沿、面向经济主战场、面向国家重大需求、面向人民生命健康"，指明了科技创新的价值导向。2023年7月，习近平总书记在江苏考察时强调"中国式现代化关键在科技现代化"，这是对"四个现代化关键是科学技术的现代化"的重大创新，强调科技创新在发展上方方面面的关键作用。

多年来，我国科技事业飞速发展，成功迈入创新型国家行列，科技创新对经济发展的贡献日益显现。2022年，战略性新兴产业增加值占国内生产总值比重超过13%，国家级先进制造业集群达45个，集群产值超20万亿元。这些成就与一系列科技政策密不可分。2015年发布的《关于深化体制机制改革加快实施创新驱动发展战略的若干意见》凸显了改革从科技体制扩大到经济体制的鲜明导向。2016年发布的《国家创新驱动发展战略纲要》提出要实现发展方式、发展要素、产业分工、创新能力、资源配置、创新群体的"六个转变"。2021年中央经济工作会议将科技政策作为七大政策之一提出，强调科技部门要对经济发展如培育新兴产业、创新创业等负责。具体到新产业，2016年印发的《"十三五"国家战略性新兴产业发展规划》梳理了新兴产业分类标准，部署实施 21 项重大工程，超前布局了未来产业。2023 年 8 月发布的《新产业标准化领航工程实施方案（2023—2035 年）》对于"新兴产业"和"未来产业"标准化发展作出系统安排，对于两者聚焦领域作出明确界定，使培育战略性新兴产业和未来产业工作受到前所未有的重视。

可以看出，以习近平同志为核心的党中央将科技创新的地位摆得越来越高，与我国发展全局的结合越来越紧密，关于新产业的政策越来越细化。基于这些理论和实践基础的铺垫，新质生产力得以产生。

三、推进新质生产力的战略、政策与抓手

加快形成新质生产力，要整合科技创新资源，组织、管理、制度等因素在其中起重要作用。上文分析新质生产力中蕴含要素的创新性和多样性，正是整合各类科技创新资源的自然逻辑基础。回顾我国关于利用科技发展生产力的政策演变能够为探索推动新质生产力的实践路径寻觅历史经验。立足于前面的分析，下面将依次从宏观战略、政策、抓手三个层次对加快新质生产力的形成给出建议。

（一）战略定位

党的二十大报告提出，"科技是第一生产力、人才是第一资源、创新是第一动力"。这一论述是意蕴深刻、内在联系的有机整体，是塑造新质生产力的指导方针。我国从改革开放以来提出并深入实施了科教兴国战略、人才强国战略和创新驱动发展战略，一体推进建设教

育强国、科技强国、人才强国,为塑造新质生产力提供战略性支撑。

第一,坚持教育优先发展,实施科教兴国战略。科教兴国战略的提出就是通过重视教育增强科技实力及其转化为现实的生产力的能力。当前实施这一战略,要更注重系统观念,将教育、人才、科技等要素作为一个整体来谋篇布局教育事业,坚持"把稳中心,顾好两头"。把稳中心,就是要坚持学校与企业联合培养这一中心方法论。教育要切实转化为生产力,就要在培养过程中与生产深度融合。地方政府应牵头组织学校和企业拟定长期培养协议,特别是要着重与当地新兴产业开展合作。顾好两头,就是一方面要培养好行业尖端人才,另一方面要注重提高一般劳动者素质。在战略性新兴产业和未来产业的员工构成中,承担研发任务的尖端创新人才固然是引领行业发展的主要力量,但整个产业的发展也需要具备一定技术素养的一般劳动者运转。我国在高校培养尖端创新人才上卓有成效,近年来的青年领军人物已经逐渐成为科研的中坚力量,但在中等专科和高等专科院校的人才培养上则略有不足。要重视专科学校的教学质量,增设前沿产业的相关课程,地方上要安排专科学院与本地新兴产业开展联合培养,为新质生产力提供基础性人才支撑。

第二,坚持人才引领驱动,实施人才强国战略。聚焦人才从参与工作到产出成果的全过程,以服务人才为引导,深化人才发展各环节体制机制改革。一要深化人才引进机制改革。全面建设社会主义现代化国家的伟大实践,要求形成"聚天下英才而用之"的宏大格局。要增强科研工作者在人才引进中的话语权,形成"人才引进人才""人才推荐人才"的良好局面。发挥国家重大科学工程、国家科技重大专项等对人才特别是海外尖端人才的吸引力，争取"引得来，留得住，用得好"。二要深化人才发展机制改革。深刻领悟党管人才原则的真正内涵，将其与行政化的科研体制区别开来。党管人才重点是管宏观、管政策、管协调、管服务，并不是包揽人才工作的各方面。一方面，要下放一定权力给科研人员，使其在科研项目上能按照研发规律自主调配项目资金、人员流动等。另一方面，选配行业内管理人员专职行政，尽量避免让在研人员参与行政事务。三要深化人才评价机制改革。在职称评定、荣誉评定、项目评审等评价体系各方面，进一步清理唯论文、唯课题、唯职称、唯资历、唯奖项的情况。特别是在应用研究人才评价上，要突出成果导向，以评价制度为"指挥棒"，推动科研项目与市场需求相结合，使成果转化为生产力。

第三，坚持科技自立自强，实施创新驱动发展战略。创新驱动发展战略是党的十八大以来我们党提出的关于科技引领发展的重大战略，相较于先前提出的科教兴国和人才强国战略，它在谋篇布局上涉及领域更广泛，在动力选择上更强调科技创新。创新驱动发展战略是一项十分宏大的工程，内涵极为丰富，要发挥好这一工程对塑造新质生产力的支撑作用，须把握好以下几个主要方面：在国家层面，加强基础研究支持，要发挥社会主义制度前瞻性布局的优势，为培育未来产业打下坚实基础；在社会层面，强化企业创新主体地位，激励企业加大研发投入力度，完善政府服务体系；在个体层面，激发人才创新活力，健全人才评价和激励体制，塑造创新创业社会风气；在制度层面，完善科技创新体制机制，特别是科技与经济相关制度，如科研资金管理制度、知识产权保护和转让制度、科技成果评价机制等。总之，要突出科技创新的目的是驱动经济社会发展。

（二）政策协同

改革开放以来，我们党始终坚持把握时代潮流、尊重经济规律、结合中心任务，在不同的历史时期制定了相应政策来推动科技事业的进步和生产力的跃升。从过去的举国体制到如今的新型举国体制，我们探索出有效市场和有为政府相结合这一具有鲜明中国特色的方法论，将其应用到科技成果从实验室到大市场的全过程，能助推新质生产力的快速形成。

第一，在科研立项上，坚持政府引导、市场调节共同作用。科研项目的选择种类多样，基础研究或应用研究，长期研究或短期研究，本质上在于投入与产出的比例。有的项目研发周期长，收益难以短期见效；有的项目难度较小，收益却相对可观；有的项目收益不明显，属于利于公众的"隐性"收益；等等。企业是科技创新的主体，也是投入研发资金的主体，但如果任由市场调节科技资源的配置，那么一些基础研究或带有福利性质的科研项目就得不到充足的资源，最终导致科技创新的后劲不足。如果完全依靠政府来分配科技资源拟定研发项目，那将压制企业创新的主观能动性。特别是具体到地方，地方政府属于行为个体，在科技事业上也有逐利性，如果只为本地发展或是追求科技"政绩"而违背经济规律强制推行科技项目，将会打乱科技要素市场，降低创新效率。因此，要坚持有效市场和有为政府的结合，政府通过制定针对性政策引导科研方向，特别是对于收益见效慢的基础研究，要通过财政补贴、税收优惠、资源倾斜等方式鼓励企业参与。同时应当坚持政策的主要目的是激发市场活力，不可过度干预，要发挥市场在科技资源配置中的决定性作用，提高资源配置效率。

第二，在研发过程中，坚持政府主导、市场决定的协同攻关体制。新型举国体制中强调"产学研"一体化协同攻关模式，实际上，这一模式不仅在攻关关键核心技术中发挥关键作用，同样对地方发展战略性新兴产业和未来产业有重要借鉴价值。"举国"强调的是在政府组织下，社会各界多元主体都参与研发，形成协同合力；"新型"则强调相较于计划经济时期的体制，如今更注重发挥市场决定性作用。"产学研"不会自发形成有机整体，归根结底，只有客观上市场需要，"产学研"才有一体发展的内在动力。政府在此过程中起到的作用就是通过制定现实政策具现这一趋势，在市场决定的前提下，以外力加速多元主体的联合，为结成"政产研学"创新联盟提供服务。一要搭建对话平台，为"产学研"各创新主体合作提供契机；二要积极充当连接各创新主体的纽带，根据不同企业、高校、科研院所的专长主动牵线搭桥，引导协同创新的方向；三要协调好各创新主体之间人员调动、资金流动、利益分配等方面的关系，发挥"压舱石"作用。

第三，在成果转化时，坚持政府保障、市场评估以畅通渠道。据国家知识产权局统计，2022年我国发明专利产业化率为36.7%，其中，企业为48.1%，科研单位为13.3%，高校仅为3.9%，远低于发达国家。这既是把企业作为创新主体的原因，也是阻碍新质生产力形成的痛点。究其原因，可以总结为以下几点：一是不能转。此问题与科研项目本身有关，主要在于没有坚持面向经济主战场，所做研究产生不了实际经济价值。二是不想转。部分研究人员重理论而轻应用，对成果转化缺乏积极性。三是不会转。科研成果转化是一个复杂的过程，即便是部分小微企业，也会知难而退。四是不敢转。部分研究领域成果转化的配套措施暂时空白，相关法律、制度的缺失使研究人员担心成果流失。针对这些问题，政府应发挥职能提供保障：一是落实完善知识产权保护相关法律，规范知识产权转移程序制度等政策；二是以政府信用背书，联系有能力转化科研成果的企业对接高校和科研院所；三是为有意愿转化科研成果的单位提供相关服务，协助其熟悉流程；四是组织领域内专业人士对现有科研成果进行评估，评估标准取决于市场调研结果，结果优秀的推动其转化，结果不合格的提出意见建议。

（三）具体实施

塑造新质生产力，习近平总书记的重要论述为其指明大方向，中央和地方出台政策、优化体制为其提供支撑保障，最终要落实到现实的产业构建中，还需要一系列具体措施。各地政府要结合当地实际情况，找到合适的抓手发展战略性新兴产业和未来产业。

第一，围绕重大科技工程，引领产业发展。一项重大科技工程的落地，不仅要求对科学原理的高度掌握，而且要求背后有全面的产业体系作为支撑，以质促效，助力中国式现代化。例如，国产第一艘航空母舰山东舰，有532家配套单位参与研发过程，其中非军工的社会单位达412家，航母甲板对强度的要求推动特种钢技术的突破，雷达通信设备带动电子信息产业的发展，电磁弹射技术的突破倒推民用电池储能技术的升级等。又如，海南"深海一号"生产储油平台、贵州"天眼"射电望远镜、安徽"人造太阳"核聚变实验装置，从设备材料到制造工艺，从数据处理到智能控制，由内而外的各个生产环节，推动了上下产业链供应链的全面进步。各地政府要结合当地资源和区位优势，主动申办符合自身实际情况的重大科技工程，将其作为引领战略性新兴产业和未来产业发展的重要引擎。在建设重大科技工程的过程中，构建本地特色新兴产业为其服务；在工程取得成果后，推动高水平科技转为民用实现量产，反哺相关产业。

第二，建好科技产业园区，发挥集聚效应。党的十八大以来，在创新驱动发展战略的作用下，我国各地涌现了一批高新技术产业园，日渐成为新的经济增长引擎。例如，上海张江科学城，2022年规模以上工业企业总产值为3702亿元，占上海比重为9.1%，在上海总体规模以上工业企业产值下降的情况下保持了6.1%的增长率，体现出新兴产业的强劲动力；苏州工业园区，2022年完成规模以上工业企业总产值6850.2亿元，比2021年增长7.0%，其中工业战略性新兴产业产值、高新技术产业产值占规模以上工业企业总产值比重分别达到58.5%和74.8%。科技产业园区的成功在于其空间上的"集聚效应"：一是基础设施共同使用，生产高效。同为战略性新兴产业，在基础设施需求上较为相似，如大量电能供应，高密度覆盖的5G基站等，建设园区有利于集中供应，提高效率，节省成本。二是新兴产业融合发展更为便利。当今科技发展呈现学科交叉融合的态势，推动产业园区中数字信息、化学工程、能源动力等不同领域的新兴产业彼此相近，更易互相赋能形成"1+1>2"的叠加效应。三是产学研一体化，科技成果转化畅通。园区将高校、科研院所、高新企业汇聚一地，打造从基础研究、应用试验、投入量产到价值产出的完整链条，有利于科研成果的就地转化。

第三，立足本地优势资源，推动传统产业升级和谋划未来产业。因自然地理条件的不同，我国各地区在几十年的现代化建设中逐渐形成了具有自身特色的产业体系。如东北地区依托丰富的矿产资源建立起重工业基地，东部沿海地区凭借良好的水运条件发展起远洋船舶制造业等。再细化到省市乃至乡镇，各地区都有本地的支柱产业，如河南省土地平旷，农业发达；甘肃省酒泉市依靠航天工程，建立起配套的航天产业。当地政府要立足本地已有优势产业，运用信息技术、人工智能、物联网等数字化智能化技术进行赋能，在项目规划、生产运营、检修维护各环节实现效率和质量上的升级，让传统产业再度焕发新的活力，实现生产力水平的跃迁。高水平大学是各地宝贵的科技创新资源，各地政府要围绕高校特长专业发展相关产业。例如，安徽合肥，中国科技大学拥有电子信息工程、生物科学、计算机科学与技术等国家特色专业和一系列学科评估为 A+ 的专业，安徽充分发挥这一资源优势，围绕中国科大建设"科大硅谷"，已在量子信息、核聚变、集成电路、生命健康等领域取得关键性技术突破，计划将其打造成战略性新兴产业集聚地和未来产业诞生地。

（原载《理论与改革》2023 年第 6 期）

李晓华 | 中国社会科学院工业经济研究所研究员

新质生产力发展的全新赛道
——兼论颠覆性创新的推动作用

2023年9月，习近平总书记在黑龙江考察时，创造性地提出"新质生产力"概念。2023年中央经济工作会议再次强调："要以科技创新推动产业创新，特别是以颠覆性技术和前沿技术催生新产业、新模式、新动能，发展新质生产力。""新质生产力"的概念提出后，有关机构和不少学者进行了内涵、特点解读。例如，中央财经委员会办公室有关负责人在解读2023年中央经济工作会议精神时认为，新质生产力"以劳动者、劳动资料、劳动对象及其优化组合的质变为基本内涵，以全要素生产率提升为核心标志"。这些研究还剖析了新质生产力的形成机制及其与中国式现代化、新型工业化、高质量发展等方面的关系，认为新质生产力是实现中国式现代化和高质量发展的重要基础。一些学者注意到颠覆性创新对新质生产力的推动作用。周文等认为，新质生产力是关键性颠覆性技术实现突破的生产力，新质生产力的"新"体现为关键性颠覆性技术的突破。余东华等指出，前瞻性、引领性、颠覆性创新是新质生产力的来源。不少学者认同前沿技术突破和颠覆性创新是新质生产力的动力，由其形成的新兴产业是新质生产力的重要表现。但是，总体上看，对颠覆性创新与新质生产力发展的关系以及相应的产业发展政策的系统性的研究相对欠缺。

新质生产力中的颠覆性创新

新质生产力是由技术革命性突破、生产要素创新性配置、产业深度转型升级而催生的当代先进生产力。科学技术是生产力，而且是第一生产力。尽管增量科技创新也是生产力发展的重要推动力量，但是新质生产力是相对于传统生产力的质的跃升，实现这一跃升是增量型的技术创新所不能达到的，需要前沿技术实现重大突破和颠覆性创新的出现。"颠覆性技术"一词最早由克里斯滕森在《创新者的窘境》一书中提出。2003 年，克里斯滕森和雷纳将"颠覆性技术"扩展为"颠覆性创新"。颠覆性创新意指在主流市场之外的边缘市场的技术创新，基于颠覆性创新的技术通常更便宜、更简单、更小巧以及通常更便于使用。后来"颠覆性创新"的概念也被用来指那些创造完全不同的技术路线、产品或商业模式，从而使原有的创新被替代、破坏的技术创新，或者是那些能够创造出世界上不存在的产品或服务、开辟全新领域的技术创新。与新质生产力相关的颠覆性创新应该是后一种含义。推动新质生产力的颠覆性创新是改变程度更大、新颖程度更大、影响程度更深的创新，能够以更高质量的产品、服务、模式等满足人类的需求，同时也开辟了一个全新的"蓝海市场"，使企业能够获得更大利润、产业具有更高附加价值、相关从业人员能够获得更多收入，从而成为促进经济增长、带动人民富裕的关键力量。新质生产力区别于传统生产力的最主要特征，同时也是新质生产力发展最主要的驱动力就是颠覆性技术创新。

当前，新一轮科技革命和产业变革深入推进，前沿技术不断突破，颠覆性创新不断涌现。从《麻省理工科技评论》每年评出的"十大突破性技术"可见，当前的技术创新活跃，有些颠覆性技术已经进入产业化应用阶段并释放出巨大的价值，有些蓄势待发，有望在未来产生颠覆性影响。世界主要国家都高度重视颠覆性创新，纷纷出台发展战略、法律和政策对前沿技术和颠覆性创新加大投入、对颠覆性创新的产业转化加大支持，以期引领技术创新和产业发展方向，尽快形成产业新赛道和经济增长新动能，并在创新链、产业链中取得掌控地位、获得更大的价值创造份额。新一轮科技革命和产业变革也使我国第一次有机会和有条件全面拥抱科技革命和产业变革带来的发展机遇，有望在多个细分赛道取得领先。实际上，在过去 20 年，我国通过抓住科技和产业变革机遇，在数字经济、光伏组件和风电设备、动力电池、新能源汽车等新兴产业均取得巨大成就，光伏电池、锂离子电池、新能源汽车等"新三样"成为我国出口的新亮点。

颠覆性创新推动新质生产力发展的路径

颠覆性创新蕴含着巨大的颠覆性力量，不但能够催生全新的产业赛道，而且能够推动传统产业升级，并重构既有的产业链格局。

第一，开辟全新赛道。

许多颠覆性技术创新来自基础研究的重大进展或工程技术的重大突破，使得原有无法实现的科学构想得以工程化、产品化。例如，西门子法制多晶硅工艺使利用太阳能发电在工程上成为可能。一项颠覆性技术是否能够产生商业价值、开辟新的产业赛道还受到市场需求的制约，有较大规模市场需求的颠覆性技术才能最终实现产业转化。市场需求包括：一是长期存在但是未被有效满足的需求，如人类对健康、长寿的追求；二是企业发现并尝试实现的潜在的需求，如智能手机、虚拟现实设备的出现；三是由各国政府人为创造的需求，如为实现应对气候变化目标需要发展可再生能源、节能、碳储存、碳捕获、碳金融等产品和服务；四是能够以更高的效率（更高质量或更低成本）满足已经存在的需求，如更快捷的运输方式。重大科学发现深化了人类对自然规律的认识，是颠覆性创新的理论基础，但二者也并不存在连续递进的关系，从科学发现到颠覆性技术的产业转化常常有一个漫长的时间跨度，比如，"光生伏特"效应发现于1839年，但光伏发电到21世纪才实现大规模应用。此外，一些颠覆性的工程化技术虽然没有彻底搞清楚其内在的科学机理，但并不影响其产业化应用。颠覆性创新催生以更高效率满足现有需求或全新需求的产品或服务，如果这种新产品能够被更多的群体所接受，就会创造出一个蓬勃发展的新兴市场和新兴产业。由于产品的生产需要众多产业提供材料、零部件、设备、仪器、软件等投入品，而且很多投入品还需要根据新产品进行适应性的技术创新或架构调整，因此颠覆性创新的产业化还会带动一个包括广泛产业领域的产业生态的发展，进一步壮大新质生产力的力量。

第二，升级传统产业。

传统产业是指存在时间比较长、技术比较成熟的产业。由于技术成熟、产业的技术进入门槛低，有大量企业在市场中共存，市场竞争非常激烈。成熟的技术虽然能够以很低的成本满足广泛的市场需求，但是也存在产业增速缓慢，附加价值和利润率低等问题。较早建成的产能虽然满足当时的能耗、二氧化碳排放、污染物排放、生产条件和产品质量等方面的监管标准，但是，随着人们认识程度的提高、发展理念的升级等影响，原有的产能可能就不符合当前发展的要求。例如，在碳达峰碳中和目标的约束下，大幅度提高能源利用效率、使用可再生能源、减少二氧化碳排放成为钢铁、有色、石化、材料等产业升级的要求。新一轮科技革命和产业变革中涌现的颠覆性创新，往往具有通用目的技术的特点，即能够在广泛的领域应用，并通过深度的融合对所应用领域产生深刻的影响。第二次工业革命出现的电力显著改变了各行业的生产方式、组织形态和生产效率，当前，新一轮科技革命和产业变革中的许多通用目的技术特别是数字技术，推动各传统产业在要素结构、产品形态、产业业态、业务流程、商业模式等方面发生变革，推动传统产业提高研发效率、降低生产成本、改进产品质量、增强产线柔性、加快响应速度、减少能耗排放、拓展增值服务，成为质量变革、效率变革、动力变革的重要力量。传统产业在颠覆性技术的赋能下实现产业升级、重新焕发生机，成为新质生产力的重要组成部分，而传统产业升级过程中赋能技术的使用也拉动新兴产业需求的快速增长，从而又进一步加速了新质生产力的发展。可以看到，移动通信、云计算、人工智能等数字产业的高速增长源自该行业本身创造的新需求拉动，数字技术在其他行业的广泛应用成为数字产业高速增长的重要推动力。

第三，重构产业格局。

在经济全球化时代，世界各国的产业链紧密交联在一起，一个国家某个产业的发展一般不可能离开世界范围内的分工与合作。新质生产力的发展也是在全球分工合作同时又竞争的环境下进行的。颠覆性创新通过两种路径重构世界产业格局。一是在新兴产业形成新的分工格局。尽管发达国家在相对比较成熟的产业具有优势，但是，在颠覆性创新产业化形成的新兴产业并不一定能够保持这种优势，换句话说，新兴产业格局常常与原有的产业格局有很大不同。发达国家可能对新出现的技术不敏感、支持力度不够，造成颠覆性技术产业化的进程缓慢。反之，在颠覆性技术和由此形成的新兴产业，后发国家处于与发达国家相同的起跑线上，如果政策得当，就有可能实现颠覆性技术更早的产业化和换道超车。从历史上看，许多国家的崛起都是抓住了新一轮科技革命和产业变革中主要的颠覆性创新突破和新兴产业涌现的机会。一个国家新质生产力发展得快，它在全球新兴产业中的份额和分工地位就会提高，反之则会下降。二是重构原有产业的格局。颠覆性技术常常会使产品架构、生产工艺流程等方面发生重大变化。比如，新能源汽车相对于燃油汽车，不仅是动力从发动机变为动力电池，而且主要部件也从由变速箱、离合器、传动轴承构成的传动系统变为驱动电机、电控系统。颠覆性技术在产业化早期阶段形成的产品在成本、性能、价格等方面相对于既有产品往往处于劣势，由于市场规模相比于成熟产品微不足道，在位企业常常会忽视颠覆性创新燃起的"星星之火"。再加上企业内部既得利益的阻挠、打破供应链长期合作关系的巨大成本等因素，在位企业往往在颠覆性技术上的投资不足，从而使产业"新势力"在颠覆性技术、产业链配套、品牌影响等方面后来居上。这是特斯拉成为全球市值最高的汽车制造企业以及我国成为新能源汽车最大生产国、消费国和出口国的重要原因。此外，即使是在产品架构不发生颠覆性变革的情况下，在位企业如果对颠覆性技术的应用（如数字技术推动的数智化转型）反应迟钝，其产业地位同样会被削弱。也要看到，新质生产力的发展不是零和博弈，虽然各国之间在争取更大市场份额，争夺技术和产业主导权、控制权上存在竞争，但更主要的目标是要实现颠覆性技术更快发展、将新兴产业加快做大，通过"做大蛋糕"共同分享新质生产力发展创造的财富。

颠覆性创新的特点与产业政策转型

长期以来，我国在科技和产业发展等方面都落后于发达国家，我国产业发展的主要任务是建立起现代化的产业体系特别是工业体系，缩小与发达国家在既有产业方面的差距，因此我国的科技和产业政策也主要围绕缩小差距的"赶超战略"而建立。但是，经过新中国成立70多年特别是改革开放40多年来的发展，我国产业技术能力显著提高，许多产业无论生产规模还是技术水平已处于世界第一梯队。新一轮科技革命和产业变革更给我国提供了发展新质生产力的历史契机。驱动新质生产力发展的是前沿技术和颠覆性技术，新质生产力的核心构成是由前沿技术突破和颠覆性创新形成的战略性新兴产业和未来产业，在这些方面，我国和世界其他国家处于相同的起跑线上，没有其他国家的经验可以借鉴、教训可以吸取。发展新质生产力，意味着我国科技和产业发展进入"无人区"，产业政策需要根据颠覆性创新和新兴产业的特点做出适应性的转型。

第一，高不确定性需要产业支持政策的转型。

在与先发国家存在较大差距时，后发国家企业引进学习世界范围的先进技术，政府部门通过创新政策和产业政策支持已经被市场证明成功的技术路线，可以加快后发国家产业发展，在更短的时间缩小与发达国家的差距。这种"选择优胜者"的产业政策在许多后发国家的追赶过程中都发挥了重要作用。但是颠覆性创新和新兴产业在技术路线、应用场景等方面具有很高的不确定性，无论是科研机构、企业还是政府，都无法在事前准确判断技术向什么方向发展、哪种技术能实现工程化以及大规模产业化、具有大规模应用的场景在哪里，因此事先选择优胜者的产业支持政策失灵，政府的作用应由选择型向功能型转型，转向创造更好的科技创新和产业发展环境，弥补科技创新和产业转化早期阶段的"市场失灵"问题，比如，加大基础研究的投入、创造早期应用市场，以及适时进行制度、法律和政策改革以适应新技术、新产品、新模式发展的要求。

第二，市场选择性需要更好地活跃市场主体。

当科学家看到某个有重大突破的技术方向时就会大量涌入，企业看到某个重大的市场机会时也会纷纷进行创业、投资。无论是在科技创新的早期阶段还是新兴产业发展的初期阶段，主导设计尚未形成，同时并存许多条不同的技术路线。至于哪条技术路线能够最终成为主导设计而胜出，需要在市场竞争之中、在供给与需求的互动中确定。市场面对不确定性的机制就是让大量的科研机构和企业沿着不同的研究方向、技术路线进行探索，随着时间推移，各方对技术方向逐步形成共识，实现技术路线的收敛。要让市场选择发挥作用，既需要有大量的科技创新主体、市场主体在尽可能多的方向上进行探索，还需要市场机制充分发挥作用，通过有效竞争在众多的颠覆性技术中筛选出最可行的方案。因此，在科技政策上应鼓励科研机构和科学家进行更加自由的科研探索，并改变过去那种"以成败论英雄"的科研考核机制；在产业政策上，应鼓励科技型创业，便利企业的注册、退出，并创造更加宽容失败的社会氛围；在竞争政策上，应建立全国统一大市场和各类企业公平竞争的市场环境，让企业家才能充分释放。

第三，时序关联性需要秉承包容审慎的原则。

颠覆性技术的主要应用场景在不同的时间段可能会发生显著的改变，具有更大潜力、催生新一代颠覆性创新的场景有可能在未来出现，即颠覆性创新及其应用场景具有时序关联性，这就使得今天一个产业发展可能会对明天另一个产业产生重要的影响。但是，在影响发生之前，同样无法准确预料，这是颠覆性创新和新兴产业高不确定性的另一种表现。技术的迭代创新必须有市场应用的支持，如果对颠覆性技术应用管得过死，限制它在某些存在一定不合意影响领域的应用，很可能就会使该技术的应用市场发展不起来或规模不够大，从而缺少足够的营收支撑企业的成长，由于缺乏对技术创新的持续支持，该技术的进步也会更加缓慢，甚至停滞乃至消亡。当依赖该技术的新技术出现时，就会由于缺少必要的技术储备而限制新一代颠覆性技术的突破和产业化。特别是在不同国家采取的监管政策存在巨大差异时，之前对颠覆性技术应用的限制可能会造成新一代颠覆性技术发展的落伍。这就意味着产业监管政策的实施应非常谨慎，需要采取包容审慎的监管原则，给新技术更大的应用空间，尽可能把限制控制在较小的程度。

第四，不可预测性需要发挥科技伦理的作用。

颠覆性创新并非总是带来积极的影响，对新技术认识的不充分和滥用不仅可能造成经济损失，甚至可能给人类带来毁灭性的后果。例如，核能的武器化存在夺取大量生命甚至毁灭地球的可能；再如，ChatGPT出现后，许多科学家和企业家产生了对通用人工智能滥用的破坏力的担忧。同时，政府监管存在滞后性，且跟不上技术和产业快速演进的速度，难以用常规的监管方法对技术的有害后果进行及时治理。但是我们不能因为无法预判技术的负面影响而停止科技创新和产业发展，可以通过科技伦理的事前自我治理、事中社会治理和事后政府治理的协同机制，尽可能早地发现和纠正有可能对人类社会造成巨大损害的科技创新，对科技的负面影响做出更及时的预防。

（原载《国家治理》2024年第1期）

孙 锐　中国人事科学研究院人才理论与技术研究室主任、研究员
　　　　中国人才研究会副秘书长

为新质生产力发展提供人才引领支撑

　　2023年9月，习近平总书记在黑龙江考察时首次提出"新质生产力"的概念，在2023年中央经济工作会议上再次指出："要以科技创新推动产业创新，特别是以颠覆性技术和前沿技术催生新产业、新模式、新动能，发展新质生产力。"2024年1月，习近平总书记在中共中央政治局第十一次集体学习时进一步强调，"发展新质生产力是推动高质量发展的内在要求和重要着力点"，"为发展新质生产力、推动高质量发展培养急需人才"。2024年3月，习近平总书记在参加十四届全国人大二次会议江苏代表团审议时再次强调，"要牢牢把握高质量发展这个首要任务，因地制宜发展新质生产力"。

　　新质生产力，是我国在走中国式现代化道路上，通过实践探索总结提炼出来的一个理论概念，它不仅是对马克思主义生产力理论的继承和发展，也为新发展阶段我国加快科技创新、推动高质量发展提供了重要学理支撑和实践指导。新质生产力与高质量发展、科技创新紧密联系，更与人才作用发挥密切相关。其中不仅深刻蕴含着要进一步

突出、强化人才要素特别是创新人才要素核心作用的内在要求，更为回答中国为什么要走一条创新驱动、人才引领，加快建设世界重要人才中心和创新高地的人才强国之路提供了逻辑解析和道路诠释。

人才驱动是发展新质生产力的本质要求

新质生产力是创新驱动型生产力，也是人才驱动型生产力。习近平总书记指出，"国家科技创新力的根本源泉在于人"，"创新驱动本质上是人才驱动"。作为传统生产力的进阶和跃迁，新质生产力是创新起主导作用，摆脱传统经济增长方式、生产力发展路径，具有高科技、高效能、高质量特征，符合新发展理念的先进生产力质态。创新驱动本质上是人才驱动，因此，新质生产力本质上也是人才驱动型生产力。以人才创新作用发挥为核心，以高质量发展为目的的新质生产力，将会带来高价值性、高延展性、难以模仿性和难以复制性，为一个经济体实现加速赶超和可持续发展提供核心能力。

对新质生产力而言，科技创新、高质量发展是其核心意涵，与之匹配的不再是以简单重复劳动为主的普通劳动者，而是与研发、创新密切关联的科技创新型人才，特别是那些能够做出原始性发现、颠覆性创新，带领我们走入科技"无人区"的战略科学家、一流领军人才和优秀青年科技人才，还有那些能够熟练掌握、使用新质生产资料和生产对象的应用型人才，即以卓越工程师为代表的工程技术人才和以大国工匠为代表的高技能人才。进一步而言，新质生产力比传统生产力更加依赖于高素质、创新型的劳动者，也即高水平人才这一最活跃的生产力要素，通过调动发挥其内在创新创造能力，组织、整合新型劳动资料和劳动对象，开展复杂性的创新活动，特别是智力密集型、知识依赖型的原始性、颠覆性创新活动、"0-1"技术创新活动，从而催生新产业、新模式、新动能。

围绕培育新质生产力调整国家人才工作布局。当前，全球科技创新进入空前密集活跃期，以数字经济、人工智能、生物医药、量子信息、清洁能源等技术为主的新一轮科技革命和产业变革方兴未艾。这些前沿性、战略性、颠覆性技术的不断突破，正在重构全球创新版图、重塑全球经济结构，与我国加快转变经济发展方式形成历史性交汇。面对世界百年未有之大变局，党中央提出"加快实施创新驱动发展战略"。习近平总书记强调："实施创新驱动发展战略决定着中华民族前途命运。全党全社会都要充分认识科技创新的巨大作用，敏锐把握世界科技创新发展趋势，紧紧抓住和用好新一轮科技革命和产业变革的机遇，把创新驱动发展作为面向未来的一项重大战略实施好。"而这种战略范式的升级和转变，要求我们在未来一段时间进一步实现科技创新由学习模仿走向前沿突破，实现若干重大发展课题的自主独创解决，形成引领全世界向前发展的动能和势能。

人才是经济发展的基础性战略性支撑。经济发展战略是一级战略，人才发展战略是二级战略，人才发展要服务于经济社会发展的总体目标。面向经济高质量发展、高水平科技自立自强，其关键路径在于通过实施创新驱动发展战略，将传统生产力升级为新质生产力，并以此作为持续发展的动力源泉。习近平总书记强调指出，发展是第一要务，人才是第一资源，创新是第一动力。中国如果不走创新驱动道路，新旧动能不能顺利转换，是不可能真正强大起来的，只能是大而不强。强起来靠创新，创新靠人才。人才政策、创新机制都是下一步改革的重点。由此，人才发展及人才政策在落实创新驱动发展战略中、在培育新质生产力的发展布局中，都起到了重中之重的作用。

从党的十八大提出"加快确立人才优先发展战略布局"，到2018年习近平总书记提出"确立人才引领发展的战略地位"，这是一次国家人才总体战略的升级，与当前加快培育新质生产力的人才工作布局同频转向。放在发展新质生产力的框架下来看，所谓"人才优先发展"，其内涵仍旧是将人才资源要素与数字资源、金融资源、土地资源等物质资源要素放在同等位置，但是人才发展要"先行一步"。而所谓"人才引领发展"，其内涵发生了重大变化，它是将人才资源要素摆在其他各类生产要素的前置位置，人才发展不仅要"先行一步"，而且要发挥人才引领驱动作用。从"人才优先发展"到"人才引领发展"的调整转变，体现着党和国家对新时代走中国式现代化道路内在要求和基本规律的深刻认识和把握，同时，这也与发展新质生产力的人才战略需求一脉相承。

高质量发展的竞争是新质生产力的竞争，也是创新人才的竞争

人才发展及其作用发挥对形成新质生产力具有内生性和路径依赖性。历史上国家高速赶超的事实表明，一个处于加速追赶进程中的国家或竞争实体，其人才智力资源，特别是由高精尖人才水平、总体

人才质量、人才发展活力所组成的人才智力资本，对其战略赶超效率发挥着倍增效应。研究表明，一个经济体发展的阶段越高，其人力资本和专业型人力资本对其经济发展的贡献率越大。根据世界银行的测算，在发达经济体的要素贡献率当中，人力资本包括专业型人力资本的贡献率达到了70%。由此可见，高水平人才对培育和发展新质生产力的贡献不仅会产生直接正向作用，甚至会产生非线性的爆发性正向效应。

环顾世界发展大势，我们可以看到，培育和发展新质生产力，将有一个战略机遇期，新质生产力的形成发展不抓紧，就会落后于时代。人才助推发展的"马太效应"，或者说新质生产力捆绑的人才发展协同放大效应，在一定程度上为新质生产力的先发国家"越跑越快"提供了动力基础。

笔者在实践调研中发现，当前我国不同地区，其人才工作发展也处于不同的发展阶段，大体可划分为城市化进程、传统工业化进程、新型工业化进程和创新经济发展进程四个阶段。其中，处于城市化阶段的地区（如西部一些依靠农牧业和旅游经济发展的后发地区），首先要解决"人才在哪里""人才从哪里来"的问题；处于传统工业化阶段的地区（如包头），首先要解决"人才有没有""多不多"的问题；处于新型工业化阶段的地区（如宁波），则首先面临解决"人才强不强""活不活"的问题；处于创新经济发展阶段的地区（如深圳），要大力解决"人才优不优""精不精"的问题，而在这一阶段中，配置高端创新创业要素、汇集顶尖人才智力、开展基础原始创新，代表国家参与世界科技创新竞争是其重要任务和机遇挑战。

不同地区人才发展重点

不同地区人才工作所处的经济发展阶段	不同经济发展阶段人才工作的主要任务	人才发展对地方经济社会发展的作用效果
城市化进程	解决"人才在哪里""人才从哪来"的问题	
传统工业化进程	解决"人才有没有""多不多"的问题	
新型工业化进程	解决"人才强不强""活不活"的问题	跨入新型工业化进程后，也即形成和依靠新质生产力的阶段。"人才引领"成为该阶段新质生产力发展的主要标志物，在此阶段人才发展对地方经济社会发展的贡献产生了规模效应和变轨效应
创新经济发展进程	解决"人才优不优""精不精"的问题	

相关调研认为，总体上，当前全国大部分地区正处于由传统工业化阶段迈入新型工业化阶段的关键节点，或已进入新型工业化阶段；处于创新经济发展阶段的地区较少，但其数量在不断增加。其中显现出的基本规律是，当进入新型工业化阶段后，也即完成"动能转换"之后，引进一个人才、组建一个团队、兴起一个产业，发挥其人才"雁阵效应"会成为一种常态化现象。在这一阶段，人才引领成为新质生产力发展的主要标志物，在此阶段人才发展对地方经济社会发展的贡献产生了规模效应和变轨效应。

从新质生产力的视角来看，所谓"动能转换"，其核心是以信息化、数字化、智能化提升传统制造业的发展质量，实质上是将传统生产力升级为新质生产力的转变过程。当前的世界人才高地，如美国硅谷、以色列特拉维夫、法国苏菲亚园区等已经由创新经济发展阶段进入大脑型经济阶段,其竞争正是基于新质生产力发展水平的竞争,可具体表现为高端人才争夺、留用和"人才创新创业生态系统"塑造的竞争。这表明,新型人才力量的发展趋势在某种程度上正反映着新质生产力的发展趋势。

以人才创新发展为牵引,培育新质生产力的地方探索

近年来,我国在载人航天、探月工程、深海探测、超级计算、北斗导航、大飞机制造等一批前沿领域取得了核心技术突破;高速铁路、5G通信、新能源汽车、疫苗等重大创新成果领世界潮流之先;华为、腾讯、字节跳动、阿里巴巴、大疆等正成长为世界级头部企业,这为形成壮大新质生产力奠定了坚实基础。与此同时,中央提出在北京、上海、粤港澳大湾区建设高水平人才高地,在一些中心城市建立吸引集聚人才平台,为新质生产力的发展提供了重要机遇。近期,各地以人才创新发展为牵引,培育新质生产力的地方探索呈现如下特点。

依托特色资源禀赋,打造差异化人才工作体系。北京聚焦打造具有世界影响力的科创中心,以中关村科学城、怀柔科学城、未来科学城和北京经济技术开发区"三城一区"建设为引领,启动拔尖人才培养战略行动,实施关键核心技术"攻坚战"计划、成果转化人才培育"朱雀计划",建立科技成果转化学院、国家火炬创业学院,大力盘活驻京高校院所科教资源,吸引优秀科技成果就地转化。上海围绕打造具有全球影响力的科技创新中心,基于自贸区和张江国家自主创新示范区,打造"双自联动"人才改革试验区,大力汇聚集成电路、生物

医药、人工智能全球创新创业资源，深入实施国际引才聚才工程，建立"学科（人才）特区"，探索外国专业人才"自由执业"制度改革，按照薪酬水平推动外籍人才市场化评价，产生了国际引才传播效应。杭州围绕打造互联网+"创新创业新天堂"，大力推动城西科创大走廊建设，加快大科学装置落地，支持西湖大学等民办大学超常规发展，聘任阿里云创始人王坚担任之江实验室主任，建立人才服务银行，培育阿里系等创业创新人才"新四军"，推行"店小二"人才服务，以特色小镇人才集聚模式推动产业、投资、创新、人才、服务"五链融合"。

推动产才互嵌融合，塑造城市新动能新优势。苏州围绕打造世界一流生物医药"大脑型"园区，与世界生命科学先进实验室美国长岛冷泉港实验室共建亚洲会议中心，将新加坡园区打造成为全球生命科学网络核心节点，形成35000余名高层次研发人才集聚、交流、合作的生物医药创新生态圈，近期其新药创制、医疗器械、生物技术规上产值超过2100亿元。宁波聚焦先进制造业发展，重构现代制造业产业人才体系，与吉利汽车集团共建杭州湾汽车学院，实施"2年在校+2年在企"数字化汽车工程师联合培养新探索，对学院引进的博士师资，按照在编教师与吉利工程师的双身份管理，在编制、考核、待遇方面大胆创新，实现"产业人"和"高校人"的"无缝链接"。沈阳推动中德园及中德学院建设，建立了"一个中德学院+一个跨企业实训中心+N个企业培训中心"的双元制技术技能人才培育新体系，形成了企校人才培养"双主体""双教师""双教材""双证书"产教深度融合人才培养新机制。

深化人才发展体制机制改革，增强区域人才竞争力。深圳"一人一策"为顶尖科学家量身定制事业平台，仿照美国国立卫生研究院NIH建制，建立深圳医学科学院并引进美国普林斯顿大学终身讲席教授颜宁出任创始院长、执掌深圳湾实验室主任；为微软全球前执行副总裁沈向洋定制打造特殊事业平台，引起广泛带动影响；支持腾讯公司基金会等市场化机构设立10亿元"科学探索奖"，每年遴选50名青年人才开展前沿基础研究。深圳前海通过资格认定、合伙联营、执业备案等特殊安排，为香港金融、财税、法律、规建等专业服务人士在前海执业创造便利条件；深圳河套深港科技创新合作区，试行科创合作跨境政策，加快推动两地数据、物质、资金以及人员流通。珠海横琴对在横琴粤澳深度合作区工作的境内外高端人才和紧缺人才，个人所得税负超过15%的部分予以免征。广州南沙将推动香港科技大学（广州）开展重点人才项目自主举荐试点，探索建立南沙粤港澳三地共建共管人才协同发展促进机构。

调研表明，各地在主动融入国家发展战略布局，大力发展战略性新兴产业和未来产业，汇聚国际优秀人才和创新资源，打造人才干事创业新型平台，深化重点人才发展体制机制改革，推动人才链、创新链、产业链、创业链深入融合，在基础性、颠覆性创新方面先行先试，在培育新质生产力方面占得先机。未来这些人才中心城市将在国家层面上成为培育和发展新质生产力的示范区和增长极。

加快培养发展新质生产力所急需的人才

习近平总书记在二十届中共中央政治局第十一次集体学习时强

调:"要按照发展新质生产力要求,畅通教育、科技、人才的良性循环,完善人才培养、引进、使用、合理流动的工作机制。"近年来,我国在推动高质量发展、高水平科技自立自强和人才队伍建设方面取得了很多重要成就。但与加快培育新质生产力的最新要求相比,还有许多不适应的地方,如高精尖人才严重不足、高水平技术技能人才供给不够,人才创新产出的世界级贡献不多等。在人才培养、使用、引进和激励方面,存在重学历、轻技能,重书本、轻实践,重白领、轻蓝领,重论文、轻实绩,重资历、轻能力,重增量、轻存量,重引进、轻培育,重院所、轻企业等问题。为此,需要加大改革创新力度,加快培养新质生产力发展所急需的人才,加紧建立与新质生产力相匹配的新型生产关系和制度体系。

第一,畅通教育、科技、人才"三位一体"良性循环。在工作实践中,当前还广泛存在教育、科技、人才工作各说各话、各办各事、各自为政的相互脱节、"两张皮"问题。为此,要聚焦高质量发展、高水平科技自立自强最高目标,开展"三位一体"流程再造,重构部门间统筹协同运行机制,明晰相关工作逻辑、权责体系、组织职能和操作运行机制,形成服务新质生产力发展的职能整合、体系贯通和动力支持系统。坚持大系统观念,对标新质生产力发展要求,推动创新链、产业链、资金链、人才链深度融合,深化产教融合、产城融合、科教融汇,一体化解决人才自主培养质量不强、工程人才培养"科学化"、人才培养与使用相脱节、"钱学森"之问未解答、人才创新活力激发不足以及"0-1"和"卡脖子"科技问题的人才支撑度不够等重点问题,充分发挥头部企业和产业联盟作用,建立前沿项目、人才发现机制，构建新型人才创新发展支持平台和一体化政策保障平台。

第二，培育匹配新质生产力发展的战略人才力量。对标新质生产力发展，人才首先要能够服务高质量发展和高水平科技自立自强，其中更加突出专业性、创新性、技能性、发展性和贡献性。新时代的人才发展要面向世界科技前沿、经济主战场、国家重大需求、人民生命健康，为此，要大力实施名家大师、战略科学家、青年科技人才、卓越工程师、"大国工匠"培育计划；建立新动能、新经济产业骨干人才、"天才少年"、战略企业家、现代服务人才支持计划；加大数字经济、人工智能、量子技术、生物医药、商业航天等重点新兴产业人才开发投入。推动实质性产教融合、校企合作，大力实施"订单式"人才培养，推广"清华姚班"经验，实施"天才少年"书院制培养试点，打造应需化、多样化的继续教育新体系。在国家重点项目实施中，对资深专家设置人才培养任务指标。建立新型企业学徒制，打造新时代权威性"新八级工"制度。

第三，深化重点领域人才发展体制机制改革。围绕激发人才创新活力，创新人才资源、创新资源配置方式，下大力气打通束缚新质生产力发展的制度堵点卡点。完善新型举国体制，打破传统事业单位管理体制，创新国家实验室引才用才体系，用好用足人才调用调配机制；建设一批大科学装置、发起设立国际大科学计划，建立更加灵活的人才集聚使用制度，支持新型研发机构创新发展。对标国家赋予的使命定位，对各类高校院所建立使命达成任期考核制度，试点理事会管理改革，使机构领导能上能下、能进能出。以世界一流原始创新为导向，建立国际一流人才主导的人才发展体系和科研体系，进一步扩大领衔科学家全权负责制和"PI"负责制范围。针对从事基础研究、科技攻关、应用转化和技术开发人才，加快建立分层次、分类别，体现其具体创新价值、能力、贡献的评价体系。推动人才、科研平等竞争，改变凭人才"帽子"获取各类资源的配置方式。探索技术经理人制度，按照科研规律优化科研经费支出项目，推广经费"打包制"试点。建立体现知识、技术、人才市场价值的收益分配机制。加快形成科学家本位的科研组织体系，完善科研任务"揭榜挂帅""赛马"制度，建立健全目标导向的"军令状"制度。下决心改革高校科研和医疗事业单位官僚化管理体制，将"行政本位"转换为"专家本位"，构建"使命导向型""专家本位型"的人事人才管理制度。分层分类推动人力服务业态升级，支持人才资本服务机构业务创新，提高市场化人才资本配置效率。

（原载《人民论坛》2024年第6期）

王大树　北京大学经济学院教授、博士生导师

新质生产力：
马克思主义生产力理论的最新成果

2023年在黑龙江考察期间，习近平总书记提出一个全新的概念——"新质生产力"。什么是"新质"？简单说，"新质"即新的质态，就是由质变产生的新性质、新特征、新功能。新质生产力涉及领域新、技术含量高、知识密度大，是传统生产力因科技创新与产业升级在信息化和智能化生产条件下所衍生的新形式和新质态。

新质生产力的理论创新

新质生产力这一概念的提出和阐释，是对马克思主义生产力理论的创新和发展，进一步丰富了习近平经济思想的内涵。

按照马克思主义的基本原理，生产力是具有劳动能力的人同生产资料相结合而形成的利用和改造自然的能力。一般都认为生产力包括劳动者、劳动资料、劳动对象三要素，还包含科学技术，其中任何要

素的发展应用，都会引起生产力的变化甚至变革，生产力要素新的组合方式和新生产要素的发现和组合应用对新质生产力的培育和形成起决定性作用。

随着对劳动力、生产资料、生产过程、人与自然关系认识的深化，人们逐步发展了对生产力内涵、外延和特征的认识，明确了劳动力即人的劳动能力，包括体力劳动和脑力劳动，脑力劳动的大小和效率的高低主要由劳动者学习和掌握的科学技术和知识的状况（数量、广度、深度）所决定，而包括劳动资料和劳动对象在内的生产资料的种类、性能、质量、效率主要也是由科学技术水平所决定，所以邓小平在马克思所说的"生产力里面也包括科学在内"的基础上，进一步提出"科学技术是第一生产力"。

认识的深化要求我们对生产力做出更为科学的界定：生产力应是人类进行社会生产的能力，主要内容包括科学技术、劳动力和生产资料（劳动资料和劳动对象）。由于科学技术、劳动力、生产资料是不断发展变化的，因此在不同的时代和发展阶段，生产力的状况或者说发展水平是不完全相同的。

从时代来看，新质生产力以第三次和第四次科技革命和产业变革为基础，以信息化、网络化、数字化、智能化、自动化、绿色化、高效化为主要特征。不同于传统生产力，新质生产力是以科技创新作为主导推动力量，以战略性新兴产业和未来产业作为主要产业载体，具有新的时代特质与丰富内涵。新质生产力是由技术革命性突破、生产要素创新性配置、产业深度转型升级而催生的当代先进生产力，它以劳动者、劳动资料、劳动对象及其优化组合的质变为基本内涵，以全要素生产率提升为核心标志。

新质生产力的内涵特征

"创新""新兴产业""未来产业"是新质生产力的三个方面，意涵丰富、相互关联，构成一个完整的链条：创新是手段，目标是形成一批颠覆性技术和重大原创成果，培育一大批行业领军企业，形成若干个全球领先的战略性新兴产业和未来产业集群。

新质生产力的关键在于科技创新。由此，创新驱动成为"新"的关键，高质量发展则成为"质"的锚点。2023年12月，中央经济工作会议提出"要以科技创新推动产业创新，特别是以颠覆性技术和前沿技术催生新产业、新模式、新动能，发展新质生产力"，这里强调的"颠覆性技术和前沿技术"，是加快形成新质生产力的"关键变量"，也是推动经济高质量发展的"最大增量"。

生产力是人利用和改造自然的能力，而新质生产力不仅指劳动能力，还包含创新能力。生产力的数字化、智能化是新质生产力的重要特征，也是新一轮科技革命和产业变革条件下生产力发展的基本趋势。新质生产力呈现出创新驱动的典型特征：一是涉及领域新，人工智能、区块链、云计算、大数据、物联网、量子技术、智能制造等技术群逐渐聚合并引发"技术奇点"，不断催生出新技术、新产业、新业态、新模式；二是技术含量高，新质生产力以创新为引擎，不断摆脱要素驱动的数量型增长模式，日益体现质量变革、效率变革、动力变革。

科学技术是第一生产力，新质生产力是科学技术在产业中应用的具象和现实体现。科技革命和生产力发展的历史表明，依靠科技创新促进生产力发展是一条普遍规律。第二次世界大战之后，生产力高水平发展，生产力的构成要素，无论是劳动力、劳动工具，还是生产经营管理模式，都发生天翻地覆的变化。科学技术成为推动生产力发展的根本力量，生产力要素、结构、性质、规模、方向都出现了革命性的变化，科学技术成为生产力要素的最关键、最重要的因素。

形成新质生产力的目的在于培育新兴产业和未来产业。战略性新兴产业是引领经济发展的新支柱、新赛道。进入新时代以来，中国高度重视战略性新兴产业，在新支柱产业领域实现了一系列重大突破，释放出强劲生产动能。作为以重大技术突破为基础，新兴产业知识技术密集、物质资源消耗少、成长潜力大、综合效益好，对国民经济全局和长远发展具有重大的带动作用。新兴产业处在科技和经济发展前沿，在很大程度上决定着国家和地区综合实力特别是核心竞争力。

未来产业由处于探索期的前沿技术所推动，以满足不断升级的社会需求为目标，当前尚处于萌芽期或孕育孵化阶段，发展成熟后会实现产业转化且形成对国民经济具有巨大带动作用的产业形态。未来产业也愈加成为世界各国竞相角逐的焦点。我国要求在未来产业上要聚焦元宇宙、脑机接口、量子信息、人形机器人、生成式人工智能、生物制造、未来显示、未来网络、新型储能等九大领域。当前，我国科技与产业发展正逐步实现从跟跑向并跑转变，部分领域正向领跑跃升，科技和产业发展越来越多地进入"无人区"，大力培育发展未来产业正当其时。

新质生产力的"新"要求

生产力迭代是人类文明发展的内生引擎。谁能抓住生产力转型升级的契机,谁就能占领先机、赢得优势、掌握竞争和发展主动权。从生产力的三要素来分析,新质生产力的"新"主要包括以下三个维度。

一是新质劳动者。不同于传统的以简单重复劳动为主的普通工人,参与新质生产力的劳动者是能够充分利用现代技术、适应现代高端先进设备、具有知识快速迭代能力的新型人才。数智技术能够在较短时间内以更大规模复制劳动行为,执行和完成人类能力包括体力和脑力所能甚至所不能完成的任务,由此创造出一种在很多方面高于传统劳动力的新质劳动者。目前我国研发人员总量已连续10年稳居世界首位,高层次科技创新人才达4万人,初步形成有利于新质生产力发展的人才保障体系。但是,同发展新质生产力的强大需求相比,高水平科技人才储备仍然不足,人才结构有待进一步优化。必须加强产学研合作,完善多主体协同育人机制,以多种形式培养更多适应新质生产力发展的高水平复合型新质劳动者。除了掌握先进生产工具的新质劳动者,还有无数组织新质生产力与市场资源的企业家群体,是引领新质生产力发展的重要力量与最终推手。

二是新质劳动资料。新质生产力代表新技术、创造新价值、适应新产业、重塑新动能,其内在关系是,新质生产力由新技术所引发,这些新技术是创造新价值的技术,是需要新产业来承载的技术,是重塑新动能的技术。具体来说，新技术包括新一代信息技术、生物技术、新能源、新材料、高端装备、新能源汽车、绿色环保以及空天海洋产业等。新质生产力发展需要人工智能、虚拟现实和增强现实设备、自动化制造设备等全新的物质技术手段提供支撑。新质劳动资料中特别重要的是新质生产工具，如人工智能、虚拟现实和增强现实设备、自动化制造设备等。打造数字核心技术，即以物联网、云计算、大数据、3D打印技术为代表的数字技术创新。数字技术通过数字网络和智能算法将对未来的生产流程、生产模式、管理方式产生颠覆性影响。伴随数字技术创新在各产业领域的渗透、覆盖和应用，数字技术与其他技术不断实现跨界协同，赋能效应逐步扩大，将有力促进传统产业数字化转型，加快形成新质生产力。

三是新质劳动对象，劳动对象是人类活动对象化发展的产物，伴随着科技创新的推进，人类劳动对象发生了极大变化，体现为传统劳动对象的数智化，同时又出现了新材料、新能源等新的劳动对象，不仅包括物质形态的高端智能设备，还包括数据等非实体形态的新型生产要素。随着人工智能、生物技术、新能源技术等领域的发展，劳动对象的范围和领域还在不断扩大并可释放出巨大的生产效能。应该强调的是，在数字经济飞速发展的今天，数据已经成为国家基础性战略资源和关键性生产要素，并由此衍生形成数据生产力。作为新质生产力系统的重要内容，数据技术标志着现实生产力由以资本、劳动、土地等要素为基点转向以数据、算力等为基点。特别是大数据产业作为以数据生成、采集、存储、加工、分析、服务为主的战略性新兴产业，激活数据要素潜能，推动生产力变革和创新，成为新质劳动对象。借助于强大算力支撑、深度学习算法和万亿级别数据语料的喂养，生成式预训练变换模型等进行学习和迭代，为形成更高级的新质生产力提供强大驱动。

在生产力三要素都发生质变的背景下，生产力本身自然会跃升到新质阶段。这类内在新性质决定了新质生产力具有更高水平的创新性、虚拟性、流动性、渗透性和协同性。习近平总书记敏锐地发现这样的发展趋势，把马克思主义生产力理论基本原理同中国具体实际相结合，高瞻远瞩地提出新质生产力这一全新的概念并加以阐释，是马克思主义生产力理论中国化时代化的最新成果。

（原载《经济》2024 年第 1 期）

于凤霞　国家信息中心信息化和产业发展部分享经济处处长

加快形成新质生产力：
是什么、为什么、做什么

日前，习近平总书记在黑龙江考察期间首次提出"新质生产力"一词，为我们在新发展阶段打造经济发展新引擎、增强发展新动能和构筑国家新优势提供了重要指引。根据马克思主义基本原理，生产力是人类改造自然和征服自然的能力，是一个时代、一个国家发展水平的集中体现。在数字经济发展成为大趋势、我国全面建设中国式现代化的时代背景下，新质生产力具有新的内涵和特征。大力发展新质生产力是我国在新发展阶段构筑国家竞争新优势的战略选择，需要针对当前我国生产力发展中的重点和难点问题综合施策，找到适合中国特色的发展路径。

一、新质生产力是什么

作为人类在物质生产中形成的客观力量，生产力是社会物质财富的来源，是社会发展中最活跃、最具革命性的因素。生产力变革带来社会生产方式、资源获取和配置方式、生产组织和管理方式等全方位的巨大改变，由此推动人类文明从一种形态走向另一种形态。

新质生产力是相对于传统生产力而言的，在人类社会发展的不同历史阶段，生产力发展所依赖的技术支撑和工具各不相同。新质生产力是以新技术深化应用为驱动，以新产业、新业态和新模式快速涌现为重要特征，进而构建起新型社会生产关系和社会制度体系的生产力。新质生产力的出现和发展壮大是推动人类文明进步的重要动力。

（一）生产力与社会发展的"技术－经济"逻辑

从石器刀耕到大机器生产再到机器替代人工，生产工具是生产力发展水平的重要体现。纵观人类社会发展史，生产力的跃升是一个量变到质变的过程，技术创新则是推动生产力水平提升的关键因素。当关键性技术实现突破，必然引起生产力核心因素的变革，从而产生新质生产力。

从农业文明到工业文明再到信息文明，每一次重大社会变革的背后都是一场影响深远的技术革命。18世纪，瓦特制造出第一台实用蒸汽机，开启第一次工业革命；19世纪，法拉第、爱迪生、特斯拉等发明了发电机和电动机，第二次工业革命来临，推动人类社会进入电气化时代；20世纪40年代，诺伯特·维纳、艾伦·图灵、冯·诺依曼等奠定了控制论、计算机、人工智能的基础，人类迎来第三次工业革命，到20世纪90年代，日益普及的互联网使得世界成为"地球村"；21世纪以来，大数据、人工智能等新技术开启第四次工业革命。不断迭代创新的技术与商业创新紧密地联系和融合在一起，相互影响，从而引发产业创新，催生出一系列新兴产业和新型基础设施网络，推动经济规模持续扩大和社会生产力水平持续提高，成为社会文明进步的重要驱动力。

经济学家卡萝塔·佩蕾丝曾对推动社会发展的"技术－经济范式"进行了系统阐述。在她看来，人类历史上经历了五次技术革命，每一次技术革命都会带来新的技术、新的关键生产要素、新型基础设施和新兴产业的发展。技术革命驱动经济发展的过程就是"技术－经济"范式，每一次历史发展的巨潮都可以被看作新范式对旧范式的替代。在这个过程中，新范式要突破原有社会制度体系的阻碍和束缚，在对原有社会体系进行颠覆的同时吸收技术革命的新范式，人们也将逐渐摒弃旧范式并接受新的组织规则，新范式与新形成的社会制度框架重新耦合。技术革命除了要在短时间内实现创新集群的突破外，还要具备两个条件：一是这些技术突破了它们最初发展的产业界限，传播的范围更广阔；二是旧范式的潜力被耗尽。只有当信息革命的财富创造潜力接近极限时，新技术革命才更有可能发生。

新质生产力的出现，不仅意味着生产力、社会经济层面的变迁，还意味着生产关系、社会制度层面的深刻变革。马克思曾通过对"蒸汽机""珍妮走锭精纺机""手推磨""蒸汽磨"的描述来分析技术进步对生产力发展的推动作用，并阐释了生产力革新引发社会关系变革的内在机理。也就是说，一方面，技术之所以能够引发生产力变革，在于其对生产要素与劳动过程的改造，并构建起新的生产方式。另一方面，社会生产关系和社会制度也会反作用于生产力的发展，与生产力发展水平相适应的生产关系和社会制度，可以成为技术创新应用和社会生产力水平快速提升的"加速器"；反之，则可能成为新技术应用和生产力发展的"桎梏"。技术创新与社会制度变革之间也会相互影响、相互作用，推动社会不断向前发展。

（二）新质生产力的内涵和主要特征

笔者认为，数字经济时代的新质生产力是以数字化、网络化、智能化的新技术为支撑，以科技创新为核心驱动力，以深化高技术应用为主要特征，具有广泛的渗透性和融合性的生产力形态。新质生产力具有以下五个主要特征。

第一，新质生产力以数字化、网络化、智能化新技术为支撑。人类社会发展史表明，技术创新是生产力水平跃升的关键因素，是人类社会繁荣发展的不竭动力，创新性技术是新质生产力形成的内在动因。近年来，全球信息技术革命和产业变革持续深化，从人工智能、工业互联网到大数据，全球经济增长的新引擎，无一不是由新技术催生出新产业，进而再形成新的生产力。当前，全球科技创新进入密集活跃时期，新一代信息、生物、能源、材料等领域的颠覆性技术不断涌现，呈现出深度交叉融合、高度复杂和多点突破发展的态势。同时，支撑社会发展的基础设施也在新技术的作用下进一步扩充与延伸，形成数字化、智能化的新型基础设施。

第二，新质生产力以数据为关键生产要素。历史上看，在技术驱动经济和社会文明发展的过程中，生产要素的变迁发挥着重要的纽带和推动作用。在"新技术诞生—关键生产要素变迁—基础设施、产业、生产组织形式、商业模式、制度框架等适应性改变—社会经济变革"的路径下，科技革命与经济变革之间存在着周期性的耦合。习近平总书记强调，在互联网经济时代，数据是新的生产要素，是基础性资源和战略性资源，也是重要生产力。以数字形式存储和流动的数据要素，因其独有的低边际成本、强渗透性和融合性等特点，可以推动生产工具和设备、生产方式、资源配置方式不断优化升级，推动物质生产力创新。

第三，新质生产力以科技创新为核心驱动力。新质生产力是科技创新发挥主导作用的生产力。习近平总书记在 2023 年全国"两会"上指出，在激烈的国际竞争中，我们要开辟发展新领域新赛道、塑造发展新动能新优势，从根本上说，还是要依靠科技创新。在过去的工业化进程中，更多的是依靠要素驱动和投资驱动。在新发展阶段和新形势下，以依靠资源大规模投入为特征的粗放式发展方式弊端更加凸显，要统筹好发展和安全两件大事，就必须从科技创新中寻找新方法、新路径，以高水平科技自立自强为新质生产力发展提供强大支撑。

第四，新质生产力以深化高新技术应用为主要特征。数字经济时代，互联网、大数据、云计算、人工智能等成为新型通用技术，随着通用技术应用模块化的实现，其对社会生产和人们生活的影响更多体现在自身的"赋能效应"上。依托技术应用提升社会生产力水平和优化产业结构，一切利用数字化、智能化技术提升生产力水平的领域，都属于新质生产力的应用范畴。一方面，战略性新兴产业、未来产业成为培育和发展新质生产力的主阵地，也是抢占未来竞争制高点和构建国家竞争新优势的新赛道。另一方面，还要通过形成新质生产力，运用新成果、新技术改造提升传统产业，为新兴产业发展提供坚实基础。

第五，新质生产力的经济社会影响具有广泛性和革命性。作为数字经济时代的新型生产要素，数据具有与土地、劳动力、资本等传统生产要素完全不同的特性，如非稀缺性、参与主体多样性、非均质性等。在人工智能、云计算、物联网、新材料等新一代技术与数据要素共同作用下，新业态新模式不断涌现，传统产业重塑变革持续推进，由此产生的影响不只体现在自然科学领域、经济发展和生产力范畴，还对人类社会的劳动方式、生产组织方式、社会组织运行和社会制度体系等都将产生革命性影响。

二、为什么要加快形成新质生产力

近年来，我国经济社会发展面临着日益复杂的国际国内环境，持续深入的新技术革命、产业变革与中国式现代化建设形成历史性交汇。面向前沿技术和产业发展领域进行前瞻性布局，加快形成新质生产力，既是重要战略机遇，也是推进中国式现代化建设的必然要求。

（一）发展新质生产力是我国顺应新技术革命和产业变革趋势的必然选择

习近平总书记指出，要"发挥互联网作为新基础设施的作用，发挥数据、信息、知识作为新生产要素的作用"，这是在深入洞察数字技术发展特征和趋势的基础上，对"科学技术是第一生产力"、技术创新驱动经济发展等理论的重要拓展。20世纪中后期以来，现代信息技术与工业化进程的融合日益加深，并孕育着新一轮科技革命和产业变革。2008年国际金融危机后，信息化与工业化融合呈现加速态势，传统产业转型升级和全球产业布局调整步伐加快。时至今日，数字技术的应用场景得到不断拓展和深化，新业态新模式不断涌现，数字经济全面发展，成为人类社会继农业经济、工业经济之后的新型经济形态。

从技术经济的视角看，新一轮科技革命和产业变革呈现以下特点：一是新一代信息技术、新能源、新材料、生物医药、绿色低碳等技术深度交叉融合，技术创新呈现多点突破和群发性突破的态势，并不断开辟出新的巨大增长空间；二是技术应用创新迭代加速，在诸多产业领域的应用趋于成熟，催生了一批具有重大影响力的新兴产业和先导产业，并快速渗透至制造、能源等传统产业领域，数字技术和智能技术的突破性应用驱动社会生产力水平全面跃升；三是数据成为与土地、劳动力、资本相并列的重要生产要素，成为一个国家经济社会发展的基础性、战略性资源，已经并将继续重构人类社会的生产生活方式和社会治理结构，社会制度体系将出现深刻调整；四是科技革命与产业联系更加紧密，产业数字化、智能化和绿色化发展趋势已经形成，并加快重构现代产业体系。

（二）发展新质生产力是我国构筑新竞争优势和赢得发展主动权的战略选择

放眼全球，世界正在经历剧变。一是经济全球化出现逆流。世界经济发展较为低迷，预计2021—2035年，全球经济增长平均速度为3%左右。发达经济体的增长速度将可能进一步放缓，整体增速大约为2%，低于过去50多年的平均增长速度。国际贸易和投资萎缩，贸易保护主义和单边主义兴起，一些发达国家采用加征关税、建立区域联盟、出口管制等手段，对新兴市场和国家实施打压和密集封堵，以维护其在国际生产体系中的主导地位。全球产业体系和产业链供应链体系加速重构，呈现出多元化、区域化、绿色化、数字化加速发展态势。二是全球范围内围绕科技制高点的争夺战日趋激烈。数字经济成为大势所趋，技术、数据、知识、人力资本等新型生产要素作用凸显，土地、劳动力等传统生产要素的地位相对下降，高新技术与产业已经成为国家之间竞争和博弈的焦点，国家之间围绕关键技术、数据和产业的竞争更加激烈。主要国家纷纷出台更加积极的科技和产业政策，大力发展新技术新产业，力争在新一轮竞争中拔取头筹。美国视中国为最大的战略竞争对手，实施"小院高墙"战略，推出《芯片和科学法案》，组建芯片"四方联盟"，采取更严密更大力度的封锁措施。为此，加快聚集各方力量进行科技攻关和突破，持续强化国家战略科技力量，是我国保持科技自强自立、有效应对各种打压和挑战的必由之路。三是国际力量对比发生重大变化，并呈现"东升西降""新升老降"的趋势。新一轮产业转移加速重塑世界经济版图，传统国际分工体系发生根本性变化，新兴市场和发展中国家力量群体性崛起，以中国等为代表的新兴市场经济体日益成为研发和高端制造领域的重要参与者。预计到2035年，新兴市场和发展中国家经济总规模将超过发达经济体，在全球经济和投资中的比重接近60%。

（三）发展新质生产力是对中国式现代化建设要求的实践回应

当前，我国已迈入全面建设社会主义现代化国家新征程，如何走出一条顺应大趋势、适合我国国情的现代化道路，需要综合考虑我国社会发展的主要矛盾、发展目标、已有基础和自身资源禀赋条件等多种因素。当前我国的基本国情没有变，仍处于社会主义初级阶段，但社会主要矛盾已经发生深刻变化，体现为不平衡不充分的发展越来越难以满足人民日益增长的美好生活需要。我国进入新发展阶段后，经济发展水平、人民收入水平和物质生活条件都显著提升，"人民对美好生活的需要"体现在物质生活、精神生活、生态环境、文化体验等多个方面，因而对国家的经济发展、社会公共服务、环境质量、法治建设等提出了更高要求。

中国式现代化必须以高度发展的社会生产力和坚实的物质基础为支撑，加快形成新质生产力是当务之急。改革开放以来，我国社会生产力水平大幅提升，已经建成了门类齐全、独立完整的现代工业体系，高质量发展拥有了良好的基础。但长期以来以低成本劳动力、外部市场和资源为主要驱动的经济增长模式面临越来越大挑战，自主创新乏力导致一些关键领域出现"卡脖子"危机，叠加经济全球化出现逆流、全球产业链出现调整等复杂的国际环境，拓展经济发展新空间、培育壮大发展新动能、切实提升自主创新能力显得尤为迫切。因此，充分发挥数据作为关键要素的驱动作用，坚持数字产业化和产业数字化"双轮驱动"，聚力打造经济发展新引擎，是新发展阶段中国式现代化建设的重要任务。这就要推动数字技术在实体经济领域的深入和广泛应用，利用数字化、智能化、网络化技术对传统产业进行升级改造，全面提高经济发展效率和质量。

三、如何加快形成新质生产力

在全面推进中国式现代化建设的时代背景下，"新质生产力"的提出，意味着要以科技创新推动产业创新，以高新技术赋能传统产业升级并实现产业体系现代化，以全面深化改革进一步释放新技术发展潜能，从而赢得未来发展主动权和构筑国家竞争新优势。

（一）举全国之力在关键技术领域实现突破

先进科技是新质生产力生成的内在动力，没有技术的关键性颠覆性突破，就不会有新质生产力出现。科技创新具有增量器和放大器作用，可以为新质生产力的形成和我国经济高质量发展注入源源不断的动力。习近平总书记提出，要从三个方面把握核心技术：一是基础技术、通用技术；二是非对称技术、"撒手锏"技术；三是前沿技术、颠覆性技术。发展新质生产力必须以科技创新为主导，努力在关键性颠覆性技术领域实现原创性引领性突破。一要加大基础研究领域投入，持续加强基础研究攻关和前沿技术研发，全面提升包括基础零部件（元器件）、基础材料、基础软件、高端芯片、工业软件等在内的产业能力，大力提升底层技术、关键核心技术自主供给能力和原始创新能力。二要加快建立健全社会主义市场经济条件下新型举国体制，优化科技资源配合，举全国之力构建由国家实验室、高水平科研院所、高校和创新型领军企业共同参与的科技创新体系，形成强大的创新合力，充分发挥我国社会主义制度优势、新型举国体制优势、超大规模市场优势，提高数字技术基础研发能力，打好关键核心技术攻坚战。三要围绕产业链部署创新链，充分发挥科技创新对产业发展的驱动作用，在增强自身产业在各产业链上的供给和配套能力的同时，加大创新力度，推动产业不断向全球价值链中高端迈进，从而形成产业链与创新链互促互动、良性发展的态势。

（二）大力发展战略性新兴产业和未来产业

战略性新兴产业和未来产业代表科技革命和产业变革的方向，是我国推进产业创新升级、培育形成新质生产力的关键领域和增量所在。主导产业、支柱产业、战略性新兴产业、未来产业等不同产业持续迭代演化，为经济发展注入源源不断的动力，不断提升产业体系的整体质量和现代化水平。大力发展战略性新兴产业和未来产业，一要密切关注前沿技术发展动态。要以前瞻性技术创新、应用、培育、发展战略性新兴产业和未来产业，用硬科技赋能现代产业体系，为新质生产力的持续发展蓄力。二要聚焦通用人工智能、元宇宙、人形机器人、脑机接口等重点方向，培育一批优势企业和相关研究机构，加速推进新技术新产品落地应用。三要坚持企业主体的创新地位，加快科技成果转化和产业技术创新，谋划和布局一大批高技术产业落地，建设具有国际影响力的科技创新中心，打造原始创新和产业创新高地，培育和发展新兴产业集群，以新兴产业发展引领新质生产力形成。四要持续优化创新生态，通过深化科技体制机制改革，进一步激发各类社会主体的创新活力，有效整合创新资源，大力引育"专精特新"企业。

（三）全面深化数字技术与实体经济融合

实体经济是我国发展的本钱，是构筑未来发展战略优势的重要支撑。从熊彼特内生增长理论的视角看，数字技术对实体经济转型发展有着深刻影响，数字技术在生产部门的深度应用和集成整合，有利于产业结构优化调整和推动经济高质量发展，数字技术与金融部门的深度融合能促进产业结构转型升级，加快经济增长动能转换。全面深化数字技术与实体经济融合，一要在实体经济的核心和主体部分深化新一代信息技术、人工智能、高端装备、绿色环保技术等应用，大力发展先进制造业。大力推进工业互联网建设，利用人工智能、物联网、大数据等新一代信息技术拓展生产和制造边界，全面提升资源配置效率、行业创新水平和竞争能力。二要畅通科技创新与产业创新循环，提升科技成果转化水平。要深入推进"科创＋产业"融合，推动传统产业和各类新兴产业不断向高端化、智能化、绿色化迈进。探索构建"产业创新＋企业创新"平台体系，为科技型初创企业提供覆盖全生命周期的创新创业服务，助力企业科技成果转化。三要提升产业链韧性和安全水平。尤其是针对一些具有国际竞争力但其产业链不完整的领域，采取有效措施补链强链，以规模和潜力巨大的国内市场为基础，构建多元化的产业链形态，增强对产业链的控制力。

(四)大力培养创新型复合型数字化人才

从生产力的角度看,如果说生产工具是一种"自然力"的话,劳动生产力则是一种"工具力"。数字化转型的深入推进,要求与自然生产力(即数字化劳动工具)相匹配的劳动生产力,因而新质生产力发展对复合型技术人才的规模和质量提出了新需求。大力培养创新型复合型数字化人才,一要聚焦发展需要,大力引育高技术领域优秀人才,通过深化人才制度和体制机制改革,完善人才激励政策,健全人才培养、引进、使用和评价制度。尤其是针对前沿技术领域的稀缺人才,探索建立差异化、长周期、多元化的专业人才评价体系,围绕"引进、用好、留住"的目标,完善高层次、稀缺性人才服务工作。二要深化高校、职业院校和企业之间的合作,通过校企合作设立的研发基地和实习基地等平台,加强产学研融通合作,打通科研创新、科技成果转化、产业创新的"接口"。三要利用技术对传统人才培养体系进行数据化、信息化、智能化、数字化的转型升级。构建以职业院校为基础,学校教育与企业培训紧密联系,政府推动与社会支持相互结合的数字技能人才培养体系。深化校企合作,通过提供数字化场景案例和解决方案等方式增加学生实际经验培训。

(五)以全面深化改革创新为加快形成新质生产力保驾护航

"新质生产力"的提出,一方面提出了新的发展命题和生产力跃迁的新目标;另一方面,也对新发展形势下社会制度创新、适应业态发展的体制机制创新提出了新要求,因而也提出了深化改革的新命题。新质生产力技术含量高、颠覆性强、涉及领域新，必须将制度创新与技术创新、应用创新同步推进，通过调整生产关系激发新质生产力发展活力。深化围绕创新驱动的体制机制改革，一要处理好政府和市场的关系，如在基础研究领域，与未来产业相关的前沿和重大技术创新面临着较大的风险和不确定性，政府在动员、组织和协调全社会力量方面有着显著优势；而在科技成果落地转化方面，市场机制能够更加敏锐地发现潜在的机会和场景，因而可以产生较大激励作用，吸引各类经营主体积极进行创新探索、竞争与合作。二要采取有效措施优化民营企业发展环境，通过深化重点领域、关键环节改革，破除妨碍民营企业参与市场竞争的制度壁垒，大力支持有条件的企业加大研发投入，鼓励政企深入合作搭建研究平台和载体，支持民营领军企业组建创新联盟和创新联合体，营造公平竞争、容错宽松、充满活力的创新环境。三要持续深化知识产权保护、公平竞争、市场准入、社会信用等市场经济基础制度方面的改革，深化数据要素市场化改革，以制度层面的持续创新为加快形成新质生产力保驾护航。

（原载《新经济导刊》2023年第9—10期合刊。原文标题为《加快形成新质生产力　构筑国家竞争新优势》。参考文献略）

第 二 篇

新质生产力的形成逻辑、强大动力和深刻影响

赵振华 | 中共中央党校（国家行政学院）经济学教研部主任、教授、博士生导师

新质生产力的形成逻辑与影响

习近平总书记在新时代推动东北全面振兴座谈会上强调："积极培育新能源、新材料、先进制造、电子信息等战略性新兴产业，积极培育未来产业，加快形成新质生产力，增强发展新动能。"新质生产力是党中央立足于世界科技进步的前沿，着眼于全面建成社会主义现代化强国这一目标任务提出的新概念。新时代新征程，我们要深入理解和把握新质生产力的重大意义、基本特点、形成逻辑和深刻影响，把创新贯穿于现代化建设备方面全过程，不断开辟发展新领域新赛道，为我国经济高质量发展提供持久动能。

重大意义

新质生产力的提出，具有重大理论和现实意义。

发展新质生产力是建设现代化强国的关键所在。党的十八大以来，以习近平同志为核心的党中央对全面建成社会主义现代化强国作

出了分两步走的战略安排。无论是建设制造强国、质量强国、航天强国、交通强国、网络强国、数字中国，还是实现新型工业化、信息化、城镇化、农业现代化，都要求实现高质量发展，而发展新质生产力是推动我国经济社会高质量发展的重要动力。新质生产力呈现出颠覆性创新技术驱动、发展质量较高等特征。战略性新兴产业和未来产业作为形成和发展新质生产力的重点领域，拥有前沿技术、颠覆性技术，通过整合科技创新资源引领发展这些产业，有助于推动我国经济实力、科技实力、综合国力和国际影响力持续增强。

发展新质生产力是提升国际竞争力的重要支撑。在一定意义上，哪个国家拥有先进科学技术特别是拥有颠覆性技术，拥有处于世界领先地位的战略性新兴产业和未来产业，哪个国家就更有可能居于世界领先地位。第一次工业革命发生在英国，蒸汽机、机械纺纱机等成为当时的颠覆性技术，以这些技术为代表的产业快速发展，促使英国走上世界霸主地位；第二次产业革命时期，美国建立起以电力、石油、化工和汽车等为支柱的产业体系，在科技革命和产业变革中成为领航者和最大获利者。把我国建设成为社会主义现代化强国，就要把握好新一轮科技革命和产业变革带来的巨大机遇，依靠自主创新，加快形成新质生产力，大力发展战略性新兴产业和未来产业，开辟新赛道、打造新优势。

发展新质生产力是更好满足人民群众对美好生活需要的必然要求。进入新时代，人民美好生活需要日益广泛，不仅对物质文化生活提出了更高要求，而且对更高层次、更加多元的生态产品、文化产品等需求也更为强烈。加快形成和发展新质生产力，提高科技创新水平，有助于推动产业转型升级，形成优质高效多样化的供给体系，提供更多优质产品和服务，不断满足人民群众对美好生活的需要。

基本特点

与传统生产力相比，新质生产力是包容了全新质态要素的生产力，意味着生产力水平的跃迁。

从主体来看，传统生产力大多由传统产业作为承载主体，新质生产力大多由运用新技术的新产业承载。当然，传统产业不一定就是落后产业，经过转型升级后，也能够孕育新产业、形成新质生产力。

从成长性来看，传统生产力成长性较低，增长速度较慢；新质生产力则具有比较高的成长性，增长速度比较快，呈现加速发展趋势。

从劳动生产率来看，传统生产力的劳动生产率相对较低，而新质生产力在劳动者、劳动资料、劳动对象三个方面都呈现出更高的水平，劳动生产率比较高，提供的是新产品新服务，或其产品和服务具有更好的新的性能。

从竞争环境看，形成传统生产力的产业技术门槛相对较低，竞争比较激烈，利润率也相对较低；形成新质生产力的新兴产业属于新赛道，进入的技术门槛比较高，竞争相对较小，利润率相对较高。

从生产力的构成要素看，传统生产力所在的产业对劳动力素质要求不高；而形成新质生产力的新产业对劳动力素质要求更高，能够开发和利用更多的生产要素。

形成逻辑

2023年12月召开的中央经济工作会议指出,要以科技创新推动产业创新,特别是以颠覆性技术和前沿技术催生新产业、新模式、新动能,发展新质生产力。新兴产业是形成新质生产力的重要载体。新兴产业是动态发展的。与以往的新兴产业相比,当今时代,科技创新能够催生出更多新产业,覆盖领域也更加广泛。第一次工业革命时期,新兴产业覆盖领域主要是纺织、煤炭等行业;第二次产业革命时期,新兴产业更多地体现在电力工业、化学工业、石油工业和汽车工业等领域;第三次产业革命时期,新兴产业主要集中在信息技术、网络技术等领域。当前,新兴产业则涉及节能环保、新一代信息技术、高端装备制造、新能源、新材料、智能制造等,覆盖领域越来越广,能够带动传统产业改造升级。新兴产业的技术有一个从研发到推广应用的不断成熟的过程,新兴产业也有一个产生、发展和壮大的成长过程。

新兴产业来自先进技术。先进技术来自科学发现和技术发明。无论是科学发现还是技术发明,都离不开人才、平台、资金。人才的培养依赖各类学校、科研院所和企业。这就需要深化教育体制改革,无论是基础教育、高等教育还是职业教育,都要注重激发人才的创新性思维和创造性能力。需要深化科研体制机制改革,重视基础研究,着力培养基础学科人才,着眼于重大发明、发现和科技成果,围绕重大现实问题集中攻关。培养人才还需要平台,没有一流的实验平台就难以培养出一流的人才并产生一流的科研成果。在科技高度发达的今天，一流的科研成果需要一流的实验室作为支撑，要围绕重大战略需求，建设国家重点实验室；围绕区域战略需求和现实问题，建设区域综合性国家重点实验室；围绕教学和科研需求，建设高校科研院所和企业重点实验室。新兴产业特别是战略性新兴产业的培育壮大和未来产业的发展还需要资金支持。同时，要构建有利于激发人才积极性创造性的机制，鼓励多出成果、出好成果；要有宽容失败的机制，特别是对于一些研发周期很长的科学发现和技术发明，需要保持战略耐心。

形成新质生产力除了技术因素外，制度因素也尤为重要。生产力总是要向前进步的，而且并不是匀速地发展，有时发展快，有时发展慢；世界各国也不是以相同的速度发展的，有的国家发展快，有的国家发展慢。新中国成立特别是改革开放以来，我国生产力发展和科学技术进步进入了加速发展时期，与发达国家的差距逐渐缩小，在一些领域由过去的跟跑，越来越多地转变为并跑和领跑。形成和发展新质生产力，需要通过全面深化改革，为持续提高生产力提供制度保障。

具体来看，形成新质生产力，需要有科技成果转化为现实生产力的生态和机制。科技成果还不是现实生产力，需要构建转化机制，加快建设高标准技术交易市场。要构建开放创新生态，着力推进产学研用一体化发展，重点抓好完善评价制度等基础改革，实行"揭榜挂帅""赛马"等制度，让有真才实学的科技人员英雄有用武之地。

此外，形成和发展新质生产力，既需要有效市场也需要有为政府。有效市场体现在通过市场配置生产要素、市场定价提升效率和效益，有为政府体现在营造良好创新生态,激发创新主体活力。要让市场在资源配置中发挥决定性作用,更好发挥政府作用,用好我国集中力量办大事的制度优势与超大规模市场优势,攻克难关,做大做强战略性新兴产业,加快促进未来产业创新发展。

深刻影响

形成新质生产力的科技创新不是一般性的科技创新,而是具有巨大潜力的基础科学、前沿技术和颠覆性技术的创新。这些重大科技创新将深刻地改变人们的生产方式、生活方式、思维方式,进而为经济社会带来深刻而持久的变革。

从经济层面上看,能够带来显著的效率变革和动力变革。新质生产力所带来的效率变革不是单个生产要素的效率提高,而是全要素生产率的提高,其所产生的动力变革来自科技创新这一核心推动力,通过提高供给体系质量和效率,以高质量供给引领和创造新需求,从而推动经济实现高质量发展。一国或地区拥有的处于全球领先地位的战略性新兴产业的规模和质量,以及未来产业的培育和发展状况,在一定程度上决定了该国或地区的经济实力和地位。

从社会层面上看,能够带来生产生活等多方面的深刻影响。首先,新质生产力极大提高了劳动生产率,在给企业带来更多利润的同时,也大大降低了劳动强度特别是重体力劳动强度,改善了劳动环境,有效缩短了劳动时间。其次,新质生产力所提供的新产品、新服务提高了人们的生活品质,改善了生活质量。再次,从长期来看,发展新质生产力带来的技术进步会使脑力劳动增加，并促使更多的劳动者从事研发、服务等工作。最后，还要看到，新技术的应用在推动社会文明进步的同时，也可能带来一些负面影响，比如，信息技术的发展能够给人们带来极大便捷，但也有泄露个人隐私等风险，客观上需要进一步完善相关制度和规则等。

（原载《经济日报》2023年12月22日）

杜传忠 南开大学经济与社会发展研究院产业经济研究所所长、教授、博士生导师
中国工业经济学会常务副理事长

新质生产力形成发展的强大动力

习近平总书记在黑龙江考察时强调:"整合科技创新资源,引领发展战略性新兴产业和未来产业,加快形成新质生产力。"生产力是社会发展的最终决定力量,新质生产力是以科技创新作为主导推动力量、以战略性新兴产业和未来产业等作为重要产业载体,具有新的时代特质与丰富内涵的生产力。工业革命为新质生产力的形成发展提供了难得的机会窗口,历史上发生的三次工业革命都曾有力推动了生产力的发展,当今正在迅速发展的新一轮科技革命和产业变革也将为新质生产力的形成发展提供强大动力。我们必须抢抓新一轮科技革命和产业变革发展机遇,采取积极有效措施,加快形成发展新质生产力,为构建新发展格局、实现高质量发展、推进中国式现代化注入强大动力。

工业革命打开新质生产力形成的机会窗口

新质生产力是以科技创新作为主导力量的生产力,其形成和发展

源自科技创新的推动。推动新质生产力形成和发展的科技创新不是单一的、间断的，而是由诸多新兴技术聚集在一起持续发挥作用的结果，这样的科技创新形态常常出现在工业革命的发生发展过程中，正如创新经济理论的奠基人熊彼特所指出的，产业革命中科技创新是以"簇群"方式出现的。在工业革命发生发展过程中，科技创新及其应用以及由其引起的生产方式、产业组织、商业模式等变革，共同激发和驱动了新产业、新业态、新模式的涌现和成长，由此驱动新质生产力的形成。

工业革命驱动新质生产力的形成发展可以从微观、中观和宏观三个层面加以揭示。从微观层面看，工业革命的发生发展提供的新要素和新技术，促进大量新兴企业的出现，这些新兴企业一般表现出较强的成长性和价值创新能力。从中观层面看，工业革命过程中集聚式涌现的新技术推动大量新产业、新业态、新模式加速聚集，它们表现出较强的创新能力、成长能力和市场竞争力；与此同时，新技术通过改造提升传统产业，促进传统产业转型升级，甚至使一些传统产业脱胎换骨，焕发新的活力，形成新的竞争优势。从宏观层面看，工业革命过程中的新要素、新技术、新模式等赋能宏观经济运行的各个方面，优化社会投资结构、消费结构，提升政府治理效能和宏观调控能力，进而促进了新质生产力的形成。可见，工业革命条件下的科技创新及其广泛应用，全方位作用于经济运行的各层面各环节，引起经济体系的质态变化，促进了新质生产力的形成。从生产力的构成来看，工业革命条件下的科技创新在提升劳动者素质、优化劳动对象结构、拓宽劳动对象范围的同时，也进一步提升了劳动资料特别是生产工具的效率，由此促进了新质生产力的形成和发展。

从实践看，历史上发生的三次工业革命都曾有力驱动了当时生产力的形成和发展，并带来要素生产率的明显提升。发生于18世纪60年代的第一次工业革命，开创了以机器代替手工劳动的时代。它以工作机的诞生作为开端，以蒸汽机作为动力机被广泛使用为标志，使人类社会进入"蒸汽时代"。机器作为新型生产工具代替了手工劳动，从根本上解放了劳动者的体力，极大地提高了劳动生产率。与18世纪初相比，1781—1790年世界工业生产指数提高近2.3倍，而1812—1870年与19世纪初相比该指数又提高了5.1倍多。19世纪中后期发生的第二次工业革命，以电力技术、内燃机技术等的广泛应用为标志，推动人类社会进入"电气时代"。一大批新兴产业如电力、化工、石油、汽车等发展起来，同时出现大规模流水线生产方式，促进劳动生产率进一步提高。以德国钢铁产业为例，1879年以后的30年间，新技术与新工艺的引入使得德国每座高炉的生铁产量提高了3倍，工人劳动生产率提高2.3倍以上。从20世纪下半叶开始，伴随着半导体技术、大型计算机、个人计算机以及互联网等技术的出现与广泛应用，人类社会进入第三次工业革命时期，自动化机器设备不仅取代了相当比例的"体力劳动"，还替代了部分"脑力劳动"，进一步提高了生产率水平。以美国为例，伴随着第三次工业革命的发生发展，美国经济部门小时产出年均增长率从1970—1995年的1.68%增长到1996—2000年的2.98%，提高了近一倍，2000—2005年更是达到了近3.4%的水平。

新一轮科技革命和产业变革加快促进新质生产力的形成和发展

当今世界，以大数据、云计算、人工智能等新一代信息技术迅速发展和广泛应用为主要内容的新一轮科技革命和产业变革在全球迅速发展。数字经济作为新一轮科技革命和产业变革的新型经济形态，以使用数字化的知识和信息作为关键生产要素，以现代信息网络作为重要载体，以信息通信技术的有效使用作为效率提升和经济结构优化的重要推动力，其发展速度之快、辐射范围之广、影响程度之深前所未有，正在成为重组全球要素资源、重塑全球经济结构、改变全球竞争格局的关键力量，同时也成为形成新质生产力的强大驱动力量。数字经济发展促进新质生产力形成的机制主要包括以下四个方面。

第一，数据、算力等作为基本生产要素赋能生产力升级，形成新质生产力。在数字经济快速发展的今天，数据已经成为国家基础性战略资源和关键性生产要素，并由此衍生形成数据生产力。数据生产力作为新质生产力系统的重要内容，其出现标志着现实生产力由以资本、劳动、土地等要素为基点转向以数据、算力等为基点。大数据技术作为新一代信息技术的重要内容，在数据处理过程中具有速度快、精度准、价值高等优势。大数据产业作为以数据生成、采集、存储、加工、分析、服务为主的战略性新兴产业，激活数据要素潜能，推动生产力变革和创新，形成新质生产力。

在数字化时代，算力逐渐成为新质生产力的重要基础动能，助力智能革命、赋能数实融合。算力作为数据存储技术的"存力"和基于网络通信技术的"运力",是信息产业的重要组成部分,包括计算、数据存储和网络通信行业。根据权威机构测算,算力指数平均每提高一个点,国家的数字经济和 GDP 将分别增长 3.6‰和 1.7‰。未来,算力将成为数字世界的核心动能。如同在工业经济时代人均用电量对经济的影响一样,数字经济时代人均算力也将成为衡量一个国家或地区产业综合竞争力的重要指标。随着通用人工智能的发展应用,智能算力的应用越来越广泛,其不仅能够提供海量数据的处理能力,还能支撑高性能智能计算,形成更高能级、更高质量的智能生产力。生产力的数字化、智能化是新质生产力的重要特征,也是新一轮科技革命和产业变革条件下生产力发展的基本趋势。当下全球热门的"ChatGPT"即"生成型预训练变换模型"表现出强大的智能生产力潜能,其基本技术运行逻辑便是基于海量数据持续训练,以此构建起巨大模型,并以强大算力尤其是智能算力作为重要底座支撑。借助于强大的算力支撑、深度学习算法和万亿级别数据语料的喂养,生成式预训练变换模型等才得以进行学习和迭代,为形成更高水平的新质生产力提供强大驱动。

第二,数智技术应用通过深化劳动分工、优化劳动力供给结构,提升生产力各要素的功能,形成新质生产力。首先,数智技术的应用对劳动分工、劳动力供给结构及劳动方式等产生深刻影响。数智技术能够在较短时间内以更大规模复制劳动行为,执行和完成人类能力包括体力、脑力所不能完成的任务,由此创造出一种在很多方面高于人类劳动力的"新质劳动力"。在这一过程中,数智技术与劳动要素深度融合产生出更高质量的劳动力供给，如具有深度学习、自我学习能力的机器人，由此在很大程度上优化了劳动力的供给结构。其次，数智技术的应用通过产生劳动替代效应深化劳动分工。数智技术应用显著提升了生产的数字化、自动化和智能化水平，降低了对低技能劳动力的依赖，由此形成对部分劳动力的替代。数智技术的不断迭代升级，进一步实现对人类脑力和高技能劳动力的替代，机器学习、深度学习的不断发展，拓展了劳动力供给的范围，从总体上提升了包括劳动者体力、脑力、智力在内的综合能力。需要指出的是，数智技术的应用会促使劳动供给由提供体力更多地转向提供脑力、智力和创造力，倒逼劳动者不断学习新知识、新技能，进而提升社会上全体劳动者的知识、技能和智慧，为新质生产力的形成提供强有力的劳动力要素支撑。最后，数智技术的应用不断拓展劳动对象的应用范围。从劳动对象看，随着数字化、智能化技术的发展，大量原来不属于劳动对象的物质转变成为劳动对象，由此大大拓展了劳动对象的范围。可见，数智技术的应用通过深化劳动分工、优化劳动力供给结构，提升生产力各要素功能，有力促进了新质生产力的形成。

第三，数字产业化过程产生的大量新产业、新业态、新模式，为新质生产力的形成提供了强大的产业基础和驱动。在数字经济时代，一大批以数智技术应用为基础衍生发展起来的新产业、新业态、新模式不断涌现，由此形成以战略性新兴产业和未来产业为主要内容的新型产业体系，并表现出显著的高成长性、高效率性和强竞争力，为形成新质生产力提供强大产业基础和驱动。党的二十大报告提出，"推动战略性新兴产业融合集群发展，构建新一代信息技术、人工智能、生物技术、新能源、新材料、高端装备、绿色环保等一批新的增长引擎"。《中华人民共和国国民经济和社会发展第十四个五年规划和2035年远景目标纲要》提出,"在类脑智能、量子信息、基因技术、未来网络、深海空天开发、氢能与储能等前沿科技和产业变革领域,组织实施未来产业孵化与加速计划,谋划布局一批未来产业"。加快发展战略性新兴产业和前瞻布局未来产业,将为我国新质生产力的形成提供源源不断的驱动力。

第四,信息通信基础设施为新质生产力的形成提供坚实平台支撑。在数智化时代,5G、工业互联网、大数据和算力中心等新型基础设施和新一代信息通信技术的迅速发展,对有效发挥数据、算力、算法等要素的作用,促进新兴产业快速成长具有重要支撑作用,由此也构成新质生产力形成的平台支撑。5G网络凭借广覆盖、低时延、万物互联等优势,使越来越多的智能家电设备、可穿戴设备、共享汽车等不同类型的设备以及公共设施实现联网和实时管理,提高了这些设备的智能化水平,为现实生产力注入越来越多的"智能"要素。当前,5G技术在我国工业、矿业、电力、港口等垂直行业的应用越来越广泛,有效助力企业提质、降本、增效。基于5G网络的超高清视频、AR/VR等新应用进一步融入生产生活,为人民群众带来高品质全新体验。工业互联网作为新一代信息通信技术与产业深度融合的新型关键基础设施,表现出显著的技术创新优势、产业融合优势、软硬件连接优势。例如,工业互联网应用促进了我国工业软件业快速发展,以数据思维、业务中台模式、"云+网+端"为特征的工业互联网平台辅助工业软件整合多方创新资源要素,协助企业实现工业软件的研发和创新突破。工业互联网正逐渐突破数据采集和传输、海量数据计算处理速度、行业知识模型化等方面的技术瓶颈，将极大地推动大数据、云计算、5G、人工智能等新一代信息技术在产业领域的应用落地，不仅催生出智能制造、规模化定制、网络化协同、服务型制造等新模式、新业态，还进一步创新生产服务场景，优化技术创新方向，从而有效促进了新质生产力的形成发展。

加快形成新质生产力，需要从要素、技术、产业、制度等多方面推进

抢抓新一轮科技革命和产业变革发展机遇，加快培育形成新质生产力，是一项复杂的系统性工作，需要从要素、技术、产业、制度等多个方面加以推进。

第一，加快培育发展数据、算力等新质生产力要素。首先，培育发展数据生产力包括以下三个方面：一是进一步提升数据要素供给质量。提升数据资源处理能力、管理水平和数据质量，培育壮大数据服务产业，进一步提升公共数据开放水平，释放数据红利，形成更加完整贯通的数据链。二是进一步完善数据要素市场体系机制。培育多元数据要素市场主体，建立完善数据定价体系和数据资产市场运营体系，提升数据交易效率。三是创新数据开发利用机制。进一步推动数据价值产品化、服务化，促进数据、技术、场景深度融合，鼓励多方利益主体和社会力量参与数据价值开发，完善数据治理体系机制。

其次，夯实算力高质量发展基础，构筑算力竞争优势。随着数字

经济的发展，算力正成为我国新质生产力的重要内容和推动力量。算力正加速向政务、工业、交通、医疗等各行业各领域渗透，为形成新质生产力发挥越来越重要的作用。应从技术研发、基础设施、产业应用、人才培养等多个维度着手，加快构筑算力竞争优势，包括加强算力关键技术研发与创新、统筹算力网络建设与布局、推动算力产业集群化或生态化发展及应用、培养算力相关复合型人才等。

第二，加快打造一支高层次、高质量的数智化人才队伍。劳动力是生产力的最基本、最活跃要素，在数字经济时代，加快培育一支高层次、高质量的数智化人才队伍，是形成新质生产力的基本条件和重要支撑。一是加强数字经济、人工智能学科建设，做好相关学科调整优化顶层设计，将数字经济、人工智能研究与人才培养更好结合起来。二是加大对高端数智化人才的引进力度，重点引进大数据分析、机器学习、类脑智能计算等国际著名研究团队和高水平研究专家，并鼓励企业、科研机构依托项目合作、技术顾问等形式引进数智化人才。三是以产业需求为导向，推进高校学科交叉融合发展，建立和完善适应数智化发展要求的学习和技能培训体系，围绕数智化产业发展培养一批既掌握数智化技术，又了解现实产业运作的复合型人才，形成产学研深度融合、完整连续的数智化人才培养新体系。

第三，大力推进科技创新特别是关键核心技术的创新及其应用。在新一轮科技革命和产业变革条件下发展新质生产力，从根本上取决于科技创新能力，特别是关键核心技术的创新突破能力。首先，增强关键技术创新能力。瞄准大数据、人工智能、区块链、传感器、量子信息、网络通信、集成电路、关键软件、新材料等战略性前瞻性领域，发挥新型举国体制优势，进行创新突破，提高数字技术基础研发能力。其次，依托我国超大规模市场优势，推进数字技术与各领域的深度融合，建立以科技创新企业为主导，产业链、创新链、资金链、人才链深度融合的数智化技术创新联合体，推动行业企业、平台企业和数字技术服务企业进行跨界融合创新，进一步完善创新成果快速转化机制，加快实现创新技术的工程化、产业化、市场化。最后，积极发展新型研发机构，打造高校与企业创新联合体等新型创新主体，构建多元化主体参与、网络化协同研发、市场化运作管理的新型创新生态体系。支持具有自主核心技术的开源社区、开源平台、开源项目发展，促进开放式创新、平台化创新，借助于数智技术及平台实现创新资源共建共享。

第四，大力推进数字产业化，发展新产业新业态新模式。一是深化数字技术与各领域融合应用，推动行业企业、平台企业和数字技术服务企业进行跨界创新。引导支持平台企业加强数据、产品、内容等资源整合共享。发展基于数字技术的智能经济，加快优化智能化产品和服务运营，培育智慧销售、无人配送、智能制造、反向定制等新增长点。二是提升数字经济核心产业竞争力，重点推进信息技术软硬件产品产业化、规模化应用，提高基础软硬件、核心电子元器件、关键基础材料和生产装备的供给水平，提升关键软硬件技术创新和供给能力。引导支持平台企业加强数据、产品、内容等资源的整合共享。三是推进产业链强链补链，促进面向多元化应用场景的技术融合和产品创新，提升产业链关键环节竞争力。完善人工智能、集成电路、5G、工业互联网等重点产业的供应链体系，推进新一代信息技术集成创新和融合应用，发展新兴数字产业，深化平台化、定制化、轻量化服务模式创新。四是优化数智产业创新生态，发挥平台企业、领军企业的引领带动作用，推进资源共享、数据开放和线上线下协同创新。

第五，大力发展战略性新兴产业，前瞻布局未来产业。战略性新兴产业和未来产业是新质生产力的重要载体。目前，我国战略性新兴产业增加值占国内生产总值比重已超过13%，发展势头强劲。应进一步聚焦发展新一代信息技术、生物技术、新能源、新材料、高端装备、新能源汽车、绿色环保以及航空航天、海洋装备等战略性新兴产业，强化科技创新特别是关键核心技术的创新应用，推动战略性新兴产业集群化、融合化、生态化发展。把握新一轮科技革命和产业变革发展趋势，前瞻谋划布局类脑智能、量子信息、基因技术、未来网络、深海空天开发、氢能与储能等一批具有广阔发展前景的未来产业。通过推动对前沿科技的深入探索和交叉融合创新，特别是加快对颠覆性技术的突破，促进未来产业快速发展，为新质生产力发展提供后续驱动力。

第六，创新相关体制机制，充分发挥政府产业政策作用。马克思主义唯物史观认为，生产力决定生产关系，生产关系反作用于生产力。从目前实践看，我国新质生产力数据、算力等要素的发展适应于工业经济运行的体制机制及政策，已经总体领先于数字经济的生产关系。为此，应加快推进数字经济运行体制和治理机制变革，重点是构建完备的数据基础制度体系，统筹推进数据产权、数据要素流通与交易、数据要素收益与分配、数据要素治理等基础制度体系的建设，强化数据要素的赋能作用，激发乘数效应，为新质生产力的形成提供坚实体制保障。科学合理的政府产业政策是保障新质生产力形成的重要体制内容。当前，面对新一轮科技革命和产业变革的发展与新产业的培育、成长和壮大，各国都十分重视政府产业政策的作用，借助于政府产业政策的作用加快推进科技与产业创新，以抢占未来竞争的制高点。面对日趋激烈的国际竞争，我国必须发挥制度优势，充分发挥好政府产业政策的作用。一是有效发挥政府产业政策的引导、推动作用，通过制定实施科学合理的产业政策，引导生产要素进入智能技术和智能产业领域，加快数智技术的商业化应用和产业生态形成。二是充分发挥政府产业政策对信息通信技术基础设施建设的支持、保障作用，加大对工业互联网、大数据中心、5G、人工智能、云计算、物联网等新型基础设施建设的财政支持力度，夯实新质生产力形成的基础支撑。三是完善产业政策实施配套体系，通过改善知识产权环境、提升政府服务效率、降低税费、优化治理等，为新质生产力的形成营造良好环境。

（原载《人民论坛》2023 年第 11 月上期）

李晓华　中国社会科学院工业经济研究所研究员

新质生产力的主要特征与形成机制

2023年9月，习近平总书记在黑龙江考察时提出了"新质生产力"的概念。新质生产力是生产力质的跃迁，是我国经济高质量发展的要求，也是实现社会主义现代化强国战略目标的重要推动力。加快形成新质生产力，需要从理论上厘清其特征和形成机制，从而用科学的理论指导我国经济高质量发展实践。

新质生产力的一般性特征

相对传统生产力，新质生产力呈现出颠覆性创新驱动、产业链条新、发展质量高等一般性特征。

颠覆性创新驱动。传统生产力推动的经济增长是依靠劳动资料、劳动对象和劳动者大量投入的水平型扩张，不仅严重依赖要素投入，而且生产力发展速度和经济增长速度都较为缓慢。新质生产力驱动的产业发展降低了自然资源和能源投入，使经济增长摆脱了要素驱动的数量型扩张模式。而且与传统生产力的发展依靠渐进型的增量式创新不同,新质生产力的形成源自基础科学研究的重大突破和对原有技术路线的根本性颠覆,在此基础上形成了一批颠覆性技术群。随着这些颠覆性技术的逐步成熟,就会形成相对于传统产业而言全新的产品、生产资料、零部件和原材料,使人类可以利用的生产要素的范围极大扩展,使产业结构、增长动力、发展质量发生重大变革。

产业链条新。颠覆性的科技创新改变原有的技术路线,从而以全新的产品或服务满足已有的市场需求或者创造全新的市场需求,在这一过程中它会带来产品架构、商业模式、应用场景的相应改变。产业链条表现在链条的环节构成与链条不同环节的地理空间分布两个方面,颠覆性科技创新会使这两方面都发生重大改变。一方面,新的产品架构、商业模式的出现,使产品或服务生产和交付所需要的原材料、零部件、基础设施等发生根本性改变。例如,新能源汽车以电池、电机、电控系统替代了燃油汽车中的发动机、变速箱;另一方面,生产这些新的原材料、零部件的国家和企业及其所占市场份额也发生巨大变化,从而改变产业链各环节的地理空间分布。

发展质量高。新质生产力的形成和发展会全方位提升产业发展的质量,加快现代化产业体系的建立。一是提高生产效率。颠覆性技术中有很多是通用目的技术,具有强大的赋能作用,一方面会使劳动资料的功能显著提升,另一方面还会优化劳动资料、劳动对象的组合,从而提高生产效率。例如,机器人、人工智能技术替代许多原本由人工完成的工作,不仅节约了成本,而且使生产的效率、精度、良品率都显著提高。二是增加附加价值。一方面,新质生产力所形成的新产品新产业技术门槛高,掌握新技术的企业数量少,市场竞争不激烈且在产业链中具有更大的话语权,因此可以实现更高的增加值率;另一方面,新质生产力创造迎合了用户(包括消费者与企业)以前未能满足的潜在需求,开辟了新的市场,带来新的产业增长空间。三是减少环境影响。不可忽视,工业化对自然生态造成了巨大压力,而随着生活水平的提高,人民群众对美好环境的需求不断增长。新质生产力更有力地发挥科技创新推动经济增长的作用,用知识、技术、管理、数据等新型生产要素替代自然资源、能源等传统生产要素,并能够使生产活动中产生的副产品循环利用,减少产品生产和使用对生态环境的损害,形成经济增长与生态环境改善的和谐并进。优美的生态环境在满足人民群众美好生活需要的同时也创造出巨大的经济价值,真正使绿水青山变成金山银山。

新质生产力的时代特征

马克思指出"劳动生产力总是在不断地变化"。一方面,生产力划分了不同的经济社会发展时代,如农耕技术、蒸汽机和发电机、计算机分别对应着农耕社会、工业社会和信息社会;另一方面,每一个时代也具有该时代特有的新技术、新要素、新产业,生产力具有时代特征。当前新一轮科技革命和产业变革正深入突进,颠覆性技术群包括数字技术、低碳技术、生物技术等,其中颠覆性最强、影响力最广的是数字技术与低碳技术,推动当前的新质生产力呈现数字化、绿色化的特征。

数字化。当前新一代数字技术迅猛发展，云计算、大数据、物联网、移动互联网、人工智能等数字技术获得广泛应用，催生出一系列新产业并向广泛的产业部门全方位渗透、融合，区块链、扩展现实、数字孪生、量子计算等新一批数字技术也在积蓄力量，有望在不远的将来释放出推动经济增长的力量。数字技术的发展推动数字技术与产业技术、数字经济与实体经济深度融合，赋予生产力数字化的时代属性。大数据、芯片等新型数字产品成为重要的生产资料，传统的生产设备、基础设施的数字化智能化水平也不断提高。随着越来越多的产品、设备、场景和人接入互联网，数据的生成速度越来越快，泛在连接的网络基础设施、不断增强的算法和算力使得对海量数据的传输、存储、处理、利用成为可能，数据进入生产函数，成为新的劳动对象，并通过与生产工具的高效结合，实现生产力的巨大跃迁。同时，这也要求劳动者不断提高数字素养、数字技能。

绿色化。工业时代的生产和生活主要依靠化石能源，其在加工、燃烧、使用过程中产生大量二氧化碳等温室气体和其他污染物，造成全球气候变暖趋势，从而影响人类的持续生存和发展。为应对这一问题，世界主要国家签署了致力于减少二氧化碳排放并控制累积排放量的《巴黎协定》，许多国家制定了碳达峰、碳中和的时间表和路线图。为了实现碳达峰、碳中和的目标，一方面，要推动新能源技术、节能技术、碳捕获、碳封存技术等低碳技术的突破；另一方面，要将低碳技术转化，打造低碳化的能源系统、生产系统、消费系统，实现整个社会生产和生活的低碳化。

新质生产力的形成机制

当前,新一轮科技革命和产业变革深入推进,颠覆性技术不断涌现,颠覆性创新形成的新劳动资料、新生产工具、新劳动对象的物质形态表现为国民经济中的战略性新兴产业和未来产业。这些新兴产业具有不同于传统产业的新技术、新要素、新设备、新产出,蕴含着更巨大的改造自然的能力,具有更高的发展质量。因此,推动新质生产力的形成既要加强科技创新驱动力,又要加快新兴产业的培育壮大。

创新驱动:推动科技创新取得重大突破。新质生产力不是由一般的科技创新推动,而是由具有颠覆性且对经济社会发展影响广泛而深远的科技创新所推动。颠覆性创新在它的早期阶段,所形成的新技术新产品在性能和价格上无法与既有的技术和产品相竞争,但是它具有巨大的发展潜力,代表科技和产业发展的方向,一旦越过临界点就会释放出改变劳动资料、劳动对象的巨大力量。而且现在的"科学技术和经济社会发展加速渗透融合,基础研究转化周期明显缩短,国际科技竞争向基础前沿前移",因此基础研究在科技创新中的作用日益重要。与沿着现有技术路线的增量创新不同,科技创新的不确定性大,无法在事前准确预测哪个领域会出现技术突破,无法准确判断技术突破的重要性及不同技术路线的前景、应用领域和商业化的时间,因此原有面向增量型技术创新的科技政策的效力大打折扣,应当更加鼓励科学家们凭兴趣和能力选择研究方向,而不是由政府部门确定具体的科研项目,同时不能再沿用增量型创新阶段"以成败论英雄"的科研评价方式，要允许科学家在科学探索的道路上出现失败。

产业基础：促进新兴产业的发展壮大。战略性新兴产业是以重大技术突破和重大发展需求为基础，对经济社会全局和长远发展具有重大引领带动作用，知识技术密集、物质资源消耗少、成长潜力大、综合效益好的产业。当前沿技术或颠覆性技术进入成熟阶段、形成的产品大规模生产时就形成了战略性新兴产业。战略性新兴产业已经具有较大的规模，但仍然具有很大的市场潜力、处于快速增长的轨道上。战略性新兴产业的发展不仅形成新的日益强大的产业部门，而且许多战略性新兴产业的技术、产品具有广泛的用途，通过在其他产业的应用、与其他技术和产品的融合，能够使既有的产业部门发生效率和质量变革，从而也成为新质生产力的重要组成部分。战略性新兴产业的发展需要重大科技创新的不断突破，也需要市场的拉动和相关配套产业的支持。我国的超大规模市场优势能够给战略性新兴产业的发展以有力的市场支撑，齐全的产业门类、完备的产业生态构成了战略性新兴产业供应链形成和高效运转的基础。近年来我国的光伏组件、风机设备、新能源汽车、自动驾驶、动力电池、互联网服务等战略性新兴产业均蓬勃发展，进入世界领先位置甚至成为最大的生产国。

未来布局：加快推进未来产业的前瞻布局。未来产业是指由处于探索期的前沿技术所推动、以满足经济社会不断升级的需求为目标、代表科技和产业长期发展方向，会在未来发展成熟和实现产业转化并形成对国民经济具有重要支撑和巨大带动作用，但当前尚处于孕育孵化阶段的新兴产业。与战略性新兴产业相比，未来产业处于产业生命周期的早期阶段，更靠近科技创新，产业的成熟度更低、不确定性更高。在未来产业赛道上，世界各国处于相同的起跑线上，都面临相同的不确定性，因此成为后发国家"换道超车"的重要领域。从科技创新到未来产业再到战略性新兴产业是一个连续的光谱，但未来产业已进入商业化开发阶段，如果不及早进行布局，一旦当产业到达爆发式增长的拐点时，就会由于前期人才积累不足、工程技术进展慢、产业配套弱、市场开发不力而被甩在后面。因此尽管未来产业的不确定性更高、投资回报期更长、风险更大，也必须及早进行布局。同样由于高度的不确定性，支持未来产业的政策需要做出重大改变，应从原来选择特定技术路线加以支持的作为"跟随者"所采取的方式，转向政府进行方向引导、市场支持，更多地鼓励市场微观主体的科技创业和对技术路线、应用场景的"试错型"探索。我国市场主体多，能够在多条不同的技术路线上试错，而市场规模大、应用场景丰富的优势又给每条技术路线提供了充分的市场需求支撑。

加快形成新质生产力，政策的着力点应放在以下方面：一是提高劳动者素质。统筹基础教育、高等教育、职业教育、继续教育等多领域，培育形成适应新质生产力的劳动力队伍。二是完善新型基础设施。基础设施是劳动资料的重要组成部分，适应新质生产力发展需要建设大型科学装置和公共科研平台，推动连接、算力等数字基础设施建设并推动传统基础设施的数字化改造，加强适应人的更高发展需要的公共服务设施建设。三是深化体制机制改革。推动科技政策、产业政策转型，促进资本、数据等关键生产要素更充分地流动，形成各种政策以及政产学研用金推动科技创新和产业发展的合力，激发市场微观主体创新、创业和投资于新兴产业发展的活力和动力。四是加强国际合作。鼓励国内大学和科研机构在前沿科技领域开展国际合作，大力吸引跨国公司在我国设立研发机构和新兴产业企业；积极参与自由贸易协定谈判，推进世界贸易组织改革，推动先进技术、数据、高技术产品和服务的贸易自由化和投资便利化。

（原载《北京石油管理干部学院学报》2023年第6期）

张 辉 | 北京大学经济学院副院长、教授、博士生导师

唐 琦 | 北京大学医学人文学院政治经济学教研室助理教授

新质生产力形成的条件、方向及着力点

一、引言

新发展阶段的奋斗目标和艰巨任务的实现需要具备更高水平的现代生产力基础，更需要发展传统的生产力理论。2023年9月，习近平总书记在黑龙江考察时提出了"新质生产力"的概念，强调"整合科技创新资源，引领发展战略性新兴产业和未来产业，加快形成新质生产力"，并在哈尔滨市主持召开新时代推动东北全面振兴座谈会上指出，"积极培育新能源、新材料、先进制造、电子信息等战略性新兴产业，积极培育未来产业，加快形成新质生产力，增强发展新动能"。2023年12月，中央经济工作会议强调，"要以科技创新推动产业创新，特别是以颠覆性技术和前沿技术催生新产业、新模式、新动能，发展新质生产力"。新质生产力概念的提出和完善是推动东

北全面振兴新的理论基础，同时也是新时代新征程牢牢把握高质量发展的首要任务和构建新发展格局的战略任务的重要内容。

生产力理论是马克思主义政治经济学和历史唯物主义的核心内容，这一理论明确地指出了人在驾驭物质力量实现生产的过程中所起到的核心作用，将物质世界的客观性和人类生产的主动性相结合，凸显了劳动生产力的内涵。马克思反驳了将资本完全视为生产的主要力量或将之与劳动视为平等地位的混淆式学说，同时纠正了空想社会主义忽视生产基础而急于修改上层建筑的错误理念，从而以正确的社会进步衡量尺度为指导，推动了社会主义建设实践的前进。人类对于生产力的理解经历了较长的发展和反复的曲折过程，如何在生产要素相互作用的复杂形式的掩盖下发掘生产力的进步规律，具有极高的难度和解放发展思维的伟大社会意义，因此，对这一问题认识的进步也往往伴随着马克思主义理论的巨大飞跃。

在社会发展的不同阶段中，人类对生产力的理解程度直接决定了对客观规律的把握状态。在古代社会漫长的低生产水平状况下，社会进步的力量显然无法被轻易地认识到，而伴随着工业革命的开展，以资本形态表现出来的能源物质、动力机器、材料物质等要素在生产中的作用被放大了。尤其是流水线生产的推广使得工人的力量仅仅体现为枯燥的工作，从而忽视了人并非完全受生产条件的支配且具有寻求生产能力改善的主动性的特点，因而其中没有体现出"人的本质力量"。而对于资本逻辑的批判也容易连带产生对附着于资本之上的科学技术和管理的作用的轻视，使得承载生产力的物质形式和发展动力的应有地位无法被认可，甚至产生了对于人与自然界关系的错误理解。直到马克思科学正确回答了劳动者与物质要素的关系,揭示了社会生产能力的来源,明确了人同自然的关系,生产力的解放才得以用科学的手段加以实现。

纵观人类历史与社会主义发展史,社会经济发展取得较大进步的时期均为实现正确认识生产力内涵的阶段。对于生产力的认识直接决定了人们对于社会主要矛盾的识别和社会经济发展规律的认识。在新中国发展历程中,党和国家领导人对于解放和发展生产力始终有着清醒的认知,并与时俱进地进行开创性的探索。新中国成立初期,以新民主主义革命去除封建社会生产关系,面对落后国家生产力发展的难题,以社会主义改造和重工业优先发展战略建立起较为雄厚的社会主义生产力。改革开放后,中国在"科学技术是第一生产力"的指导下,面向世界市场激活生产要素,把推动生产力的发展作为建设社会主义的根本任务。

中国特色社会主义进入新时代以来,高质量发展成为我国社会经济发展的鲜明主题。党的二十大报告指出,"高质量发展是全面建设社会主义现代化国家的首要任务。发展是党执政兴国的第一要务。没有坚实的物质技术基础,就不可能全面建成社会主义现代化强国"。高质量发展的重要体现是生产力"质"的提升,依靠优质人才、创新技术与新兴产业实现新旧动能转化,顺应并主动引领21世纪科技创新大潮。中国特色社会主义经过几十年积累,生产力的数量基础已初步具备,质量优势仍需加快建立。只有调整生产关系、发展生产力,才能为全面建设社会主义现代化国家奠定坚实的物质技术基础。因此,站到新发展阶段的起点上,经济建设实践的大幅度进步亟须生产力理论的飞跃和指导而加以实现。

二、含义辨析与文献综述

在与唯心主义的辩论中，马克思提出了系统性的生产力理论。在对李斯特将生产力视为"精神本质"的批判中，马克思开始阐述"生产力"的内涵。马克思认为，李斯特庸俗地将水力、蒸汽力、马力与人力相媲美而共同视为所谓的"生产力"，这样实则把人贬低为了创造财富的力量。马克思认为，"生产力表现为一种无限高于交换价值的本质。这种力量要求具有内在本质的地位……表现为非物质的"。马克思最初提出生产力概念时，目的在于反驳贬低人的价值的论调，更在于强调人推动、发展和驾驭生产力的主动性。他继续指出，"生产力的这种发展，最终总是归结为发挥作用的劳动的社会性质，归结为社会内部的分工，归结为脑力劳动特别是自然科学的发展"。当然，随着马克思理论体系的完善，生产力的内涵变得更为丰富。有学者认为，马克思在使用这一概念时具有两层含义，其早期著作将生产力当作"物质要素总和"而将之与生产资料或者生产工具等而视之，后期著作则更多地接近于"生产能力"的含义，但这并非存在矛盾之处，因为前期著作中的概念也可视为物质要素在理论上的抽象，后期著作意义更为明确，因而最终可以将生产力确定为"劳动生产力"的概念。由此，马克思揭示了生产力属人的本质，将人确立为生产力中的主体因素，即由人主导现代工业，并进一步将生产力的作用引入到了社会历史领域的研究中。

中国社会主义革命和建设一直向着有利于生产力发展的方向前进。毛泽东在1945年指出，"正是帝国主义和封建主义束缚了中国人民的生产力……革命是干什么呢？就是要冲破这个压力，解放中国人民的生产力，解放中国人民"，并在1956年继续强调"社会主义革命的目的是为了解放生产力……社会主义所有制必然使生产力大大地获得解放"。进而，邓小平在1984年《建设有中国特色的社会主义》一文中有清晰的论述，"什么叫社会主义，什么叫马克思主义……马克思主义最注重发展生产力"，"社会主义阶段的最根本任务就是发展生产力，社会主义的优越性归根到底要体现在它的生产力比资本主义发展得更快一些、更高一些，并且在发展生产力的基础上不断改善人民的物质文化生活"，"我们的政治路线，是把四个现代化建设作为重点，坚持发展生产力"。他更在1988年9月振聋发聩地指出，"科学技术是第一生产力。我们的根本问题就是要坚持社会主义的信念和原则，发展生产力，改善人民生活，为此就必须开放"。中国共产党中央领导集体从依靠革命去除压抑生产力发展的阻力和以科技形成先进生产力的角度发展了马克思主义生产力理论。随后，"三个代表"重要思想强调了中国共产党始终代表中国先进生产力的发展要求，科学发展观明确了对于生产力发展的客观规律的把握和遵守。

新中国成立以来，尤其是改革开放以来，对于生产力概念认知的进步拓宽了学术界的视野。其中，最重要的进步是超越了过去受苏联学者影响而产生的"二元素"还是"三元素"的争论。"二元素"为劳动者、生产工具，而"三元素"为劳动者、劳动对象、生产工具。对此，中国学者指出，将劳动者、劳动对象、生产工具作为生产力

"三要素"的粗略理解是对马克思关于劳动过程讲解的生搬硬套，可以从资源开发保护能力、管理科学技术、劳动者素质技能三者出发加以理解，而生产的多要素决定了生产力的要素构成也是多元的，不仅有生产工具和劳动者，并且这些要素是随着社会经济的发展而变化和发展的。而随着对生产力元素讨论的增加，产生了如国际生产力、环保生产力、知识及文化生产力，以及数字、网络生产力等概念。近些年，在习近平生态文明思想的指导下，生态环境被认识为生产力的重要组成部分，"保护生态环境就是保护生产力，改善生态环境就是发展生产力"的观点被阐释和明晰，生态生产力的理念深入人心，可以将良好的生态环境转化为生产力。

面对高质量发展的时代要求，习近平总书记提出"新质生产力"的概念，使学界迅速认识到了其中蕴含的实现生产力质变的重要思想，并在"新"与"质"的两个方面展开了讨论。在新的维度上，有学者认为，新质生产力具有新的性质、新的功能、新的属性，我国在此方面具有理论、体制、市场、产业方面的独特优势；也有学者认为，"新质"体现为体力和智力发展程度更高的劳动者、更为先进的生产工具、精细且高品质的原材料；新质生产力具有和居民需求更匹配、新型生产要素更丰富、要素组合更高效、产业形态更先进、生产关系更适应的特征。在质的维度上，有学者认为，新质生产力的起点是新，关键在质，落脚为生产力，是针对传统生产力的跃迁和质变；有学者认为，数字技术主导的信息技术变革催生新的产业形态，推动新质生产力的形成和发展，同时生产力本质出现了由物质变换向技术创新的转变。在测量指标的研究上，有学者测度了当前的新质生产力发展状况，并发现其具有明显的集聚效应和显著的时空差异。整体而言，当前学者论述了新质生产力含义中的重大进步，并开始了关于这一理论对于社会经济发展实践的指导作用的研究。

三、新质生产力形成的必要条件

生产力的新质态决定了其形成条件与传统生产力相比产生了较大差异，对此不仅需要形成正确认识，更需要明确承载发展动能的主导力量和实现目标的内外环境。所以，当前必须依托人才发展引领科技创新，并在国民经济循环中实现价值创造，从而推动生产力的跃迁和螺旋式上升。

（一）正确认识生产力的新质态

人类生产活动的复杂性决定了生产力的形成具有多元素作用的复杂机制，随着人类改造自然活动的边界的拓展，生产力进步呈现出量变与质变的循环往复变化。第一次工业革命以蒸汽机的广泛使用为标志，带动了纺织业、交通运输业的全面进步。第二次工业革命则囊括了石油、化学、电力、内燃机等行业更多维度的发展，推动人类进入发达的电气时代。第三次工业革命触发了人类向原子能、生物工程、信息科技、宇宙空间的探索，人类生产活动之所及变得更为广阔与细微。第四次工业革命的进展程度虽然众说纷纭，在生产工具中的革命性方向也有争议，但毫无疑问正将前人所未知、未见的元素纳入生产力构成之中。生产力体现为人们支配与改造自然的能力，是其所处时代中可实现的具体劳动的综合体现。工业革命之前的劳动者很难发现科学技术对于具体劳动的意义，资源丰裕状态下的人们也无法意识到生态环境同样应该作为生产力的一部分而加以珍视。并且，随着社会发展阶段的递进，不仅生产力元素的范围有所拓展，元素更容易表现为独立性的影响因素或载体，而且不同元素之间的管理、组合难度大幅增加。

在马克思所处的时代，科学早已发展为生产过程中的独立因素，不仅为劳动者所驾驭、以劳动资料为载体，更反过来影响劳动者的技能、劳动资料的丰度及劳动对象的处理难度。进入到 21 世纪，生产者所使用的实体性元素与虚拟性元素的范围日益广阔，生产力的发展不仅需要更为齐全的新质生产资料，更依赖于其相互之间的有效结合、优化组合。生产力的发展呈现出新的质态，更加依托具有新型科学技术和创新能力的人才队伍的建设，更加依托具备发展新动能和价值创造新优势的发展格局的构建。前者丰富了生产力的元素构成，而后者增加了元素间的结合效率。

对于中国而言，高质量发展的实现是一个以质变发生替代过去量变积累的巨大跨越，社会主要矛盾的转化证明了当前难以在传统生产力中获得经济增长潜力和产业调整动力。而在"世界百年未有之大变局加速演进，新一轮科技革命和产业变革深入发展"的形势下，我国亟须充分发掘生产力元素中的活跃成分，以生产力的质变实现高质量发展。因此，新质生产力形成的关键在于科学技术的创新与应用，其主导者为优秀的管理与科技人才，并依托于战略性新兴产业的发展和壮大。同时，需要以突破性技术厚植发展优势，建立具有国际比较优势的支柱性产业体系,在新发展格局中实现高水平的价值创造,做到"不断开辟发展新领域新赛道,塑造发展新动能新优势",从而实现全要素生产率的有效提升。

(二)创造人才发展的有利环境

党的二十大报告指出,"教育、科技、人才是全面建设社会主义现代化国家的基础性、战略性支撑。必须坚持科技是第一生产力、人才是第一资源、创新是第一动力"。劳动者始终是生产力发展中的关键元素,并掌握科技发展主动权,推动技术创新应用于实践。在传统社会中,低水平的生产力汇集可以由劳动人口数量的增长而实现;在初级阶段的工业化社会中,劳动密集型、资源密集型产业的发展也可以短期内提升初级产品的生产能力。但是在以高质量发展实现现代化的进程中,先进生产力的发展必须依赖高素质劳动者的培育和成长,依赖于丰富的人才储备和人力资源的优化配置。历史经验表明,人才培养是技术创新和产业升级的基础,否则,即便出现有利的技术扩散、产业转移和大规模需求市场都难以培育出有效的新生产力。对于中国而言,新人口红利的形成需要将人口规模优势转化为人才厚度优势,才能符合"以人口高质量发展支撑中国式现代化"的发展要求,在新领域新赛道配置足够的高素质人才。

作为生产力中唯一的创造性因素、生产资料和科技知识及管理方式的创造者,人的能动性的激发需要构建有利的社会环境。一方面,教育体系的建设直接关乎人力资本的积累,中国所建成的世界上最大的教育体系有效地支撑了现代化的需要,但是在关键性和颠覆性技术的创造中仍落后于发达国家，部分产业为人所制或存在"卡脖子"的风险。为此，教育事业的发展需要起到充分的人才资源创造功能，将人口规模巨大的特征转变为人才储备丰富的优势，才能有效地驾驭新质生产力形成过程中新增或发展的新元素。另一方面，人才的发展依赖于高质量就业的实现，更取决于产业升级所达到的层次，教育体系所培养的人才往往需要在社会分工中进一步发展，通过人与人之间、人与机器之间的高效协同才能推进生产经营方式的改进。为此，需要加强产业发展与人才队伍的匹配程度，使人才培养与生产力进步形成循环性的发展模式。

需要认识到的是，当前激发生产力变革的人才的发展环境与过去相比出现较大不同，现代科技和产业升级所需要的人才梯队不再是可以凭借偶然性天才出现而建立的，而是建立在各学科、各领域丰富储备上依靠拔尖人才的带领而形成的协同模式。这要求既要依靠基础教育完成的人才数量储备，又要拓展高等教育的深度和产业发展高度而完成科研、管理人才遴选及梯队建设工作。此外，当前平台经济的发展改变了旧有的协作模式，在个体、企业、政府之间搭建了新的沟通渠道，使具体劳动开始摆脱时间、空间的束缚。对平台有效的使用有利于打破人才的时空不平衡，寻找到更顺畅的合作模式和发展机制。总体而言，发展环境的改善依赖于生产力的进步，同时又孕育出推动生产力发展的新质人才，深入实施人才强国战略，关键在于依靠人才汇聚实现科技高水平自立自强，发挥基础研究、核心技术在生产力进步中的关键性作用。

（三）畅通国民经济循环

新质生产力创造的价值需要在经济循环中体现出来，尤其是在市场经济中，高水平的生产力要求以高效的流通和高额的利润加以体现。新质生产力中的劳动必然是更为精密的复杂劳动，同时在价值规律的作用下实现优质的劳动力与生产要素向高效率的部门转移。在畅通的国民经济循环中，依靠劳动产品的价格就可以部分地实现生产力的自然发展，故而可以通过高新产业的盈利状况寻找新质生产力的发展方向，实现在国内外市场中完成生产要素革新的目的。对此，构建新发展格局目标的提出，不仅是充分发挥国内超大规模市场优势并主动应对世界市场价值链重塑的要求，更是建立促进生产效率提升的激励机制并实现优质生产要素汇聚从而推动高质量发展的可行路径。党的二十大报告在"加快构建新发展格局，着力推动高质量发展"中明确"把实施扩大内需战略同深化供给侧结构性改革有机结合起来，增强国内大循环内生动力和可靠性，提升国际循环质量和水平，加快建设现代化经济体系，着力提高全要素生产率"的要求，突出了在畅通国民经济循环中以效率实现生产赋能的机制建设。

构建新发展格局的重要作用之一，在于推动现代化经济体系这一有机整体的建设，为高生产力要素的流通、汇集、结合创造条件，并发挥其在价值生产中的引领作用。依托畅通的国民经济循环，我国可以依托超大规模市场和人口规模巨大优势培育并集中优质生产力元素，继而在国际循环中建立产业优势并获得定价主导权，进而在国内大循环中通过价值转移带动全产业链的共同发展，并以可观的企业利润、劳动工资、研发投入为进一步加快新质生产力的发展创造条件。因此，畅通国民经济循环并实现国内国际双循环的相互促进是新质生产力形成的重要条件，充分利用两个市场、两种资源才能真正体现新质生产力形成后的价值创造优势。

四、新质生产力形成的培育方向

习近平总书记在论及新质生产力时强调，"推动东北全面振兴，根基在实体经济，关键在科技创新，方向是产业升级"。东北全面振兴是新质生产力形成和应用的重要实践，具有全国性的示范作用。同时，作为"共和国长子"，东北老工业基地的问题有其特殊性也具有全国共通性，实体经济、科技创新、产业升级三条法则既是东北发展的原则，更是全国范围内新质生产力的培育方向。

（一）以实体经济为根基

生产力的进步优先被应用于满足人类生存、发展、再生产的物质资料的提供中，同时，生产力的发展受到影响则直接反映为实体经济的问题。在较长一段时间，中国经济发展的"三大结构性失衡"都体现为实体经济的问题，即实体经济结构性供需失衡、金融和实体经济失衡、房地产和实体经济失衡。随着供给侧结构性改革的推进，这一问题有所缓解，但在新优势、新动力的获得中仍留有很大的潜力。中国式现代化是工业化、信息化、城镇化、农业现代化的并联式发展，四个步骤同时进行的关键是工业化，其载体必须是实体经济的发展，必须以实体经济作为推进新型工业化的核心,并使其成为汇聚新质生产力各元素的辐辏之地。

实体经济的建立和发展来之不易,生产力更迭首先对其产生冲击,同时实体经济也容易受到国际环境、经济周期和行业周期的多重影响,外部竞争和内部淘汰相比其他行业更为激烈。实体经济的投资回报率较低或周期性、内部差异性明显,使其常被当作应裁撤、淘汰的对象。部分国家因为"去工业化"而失去国际竞争能力,彻底沦落为发达国家的原材料市场和商品倾销地,同时发达国家可以进一步依靠生产效率的优势吸纳其优质人才并限制其产业发展。这一教训表明,只要社会财富的物质内容的构成仍然体现为使用价值,那么容纳形式各异的具体劳动的实体经济就是社会经济发展中的关键所在。实体经济的问题并不是其不符合生产力进步的方向,而是相反,是没有容纳足够的生产力新要素并停留在落后阶段。在现代分工体系下,生产性劳动所涉及的劳动、资源、技术、土地等内容,以及在宏观、微观维度上的扩展程度,是非生产性劳动所无法触及的,新质生产力的形成和发展只能以实体经济为根基。

当然,现今实体经济涵盖的范围并不仅是制造业,可以进一步延伸至建筑业、农业及其他生产性劳动部门,甚至可以推广至除金融房地产业以外的所有传统服务行业和现代服务业。因此,当前实体经济的范围也已不同于传统。以数字经济为例,其与绝大部分行业已建立前向和后向的相关关系,成为引领中国经济增长的新动力。所以,中国在谨防经济体系脱实向虚的同时,也需要拓宽孵化新质生产力的新兴产业范围,将数字经济产业及先进的服务业纳入实体经济的范畴,推动服务型实体经济的发展。

(二)以科技创新为关键

党的十八大以来,党中央把科技创新摆在国家发展全局的核心位置,有力地推动了科技强国建设。习近平总书记进一步强调,"要以科技创新推动产业创新,加快构建具有东北特色优势的现代化产业体系","要牢牢扭住自主创新这个'牛鼻子',在巩固存量、拓展增量、延伸产业链、提高附加值上下功夫","主动对接国家战略需求,整合和优化科教创新资源,加大研发投入,掌握更多关键核心技术……加快科研成果落地转化"。这一论述全面把握了"创新是第一动力"的深刻内涵,突出了科技创新在新质生产力形成中的关键作用。

科学技术作为独立的生产力元素,其发展的动力来自创新的突破性作用。尤其是进入新世纪以来,"信息、生命、制造、能源、空间、海洋等的原创突破为前沿技术、颠覆性技术提供了更多创新源泉,学科之间、科学和技术之间、技术之间、自然科学和人文社会科学之间日益呈现交叉融合趋势"。科学技术的发展有赖于创新资源的整合,一方面,需要高水平的研究机构、高等学校突破学科界限、发展创新思维、活跃科研人才,将国家科技经费研究投入转化为高质量科技供给,落实科技体制改革和科技创新政策;另一方面,需要激发企业等生产主体的创新活力,"社会一旦有技术上的需要,则这种需要就会比十所大学更能把科学推向前进",依靠企业平台建立科技创新的成果转化机制,落实市场对于技术方向选择的导向激励,优化创新要素配置,优先解决科研基础设施与创新型人才的错配问题。

"抓创新就是抓发展，谋创新就是谋未来。"2022 年，全国共投入研究与试验发展经费 30782.9 亿元，国家财政科学技术支出 11128.4 亿元，投入强度相比上年分别增长 10.1% 和 3.4%，强大的资源投入有力地支撑了基础研究的发展。在创新激励中，发挥新型举国体制优势，推进创新型国家建设，有力地推进了重大科技成果的持续涌现。我国载人航天、探月探火、国产大飞机、高速磁悬浮列车、大型医疗设备等高科技产品不断发展，世界上首个实现模块化第四代核电技术商业化运行的核电站、实现 403 秒稳态长脉冲高约束模式等离子体运行、发明专利有效量跃居世界第一等事实都表明了国家创新体系的整体效能开始凸显。同时，在国际交流中，注重"最大限度用好全球创新资源，全面提升我国在全球创新格局中的位势，提高我国在全球科技治理中的影响力和规则制定能力"，依靠全球性的创新资源汇聚激发劳动者的创造力，提升劳动资料的品质，拓展可用资源的范围，推动新质生产力的加快形成。

（三）以产业升级为方向

产业是新质生产力的聚集地，新的生产要素是否具有变革动力也需要在产业发展中得以体现。随着新一轮产业变革的开展，中国面临更严重的产业升级压力，科技创新能否转化为产业创新，是建设现代化产业体系的关键，更是形成新质生产力的最后一步。产业升级不能简单地以第二或第三产业的占比为指标，更强调产业内部的科技引领、结构优化。对于农业，习近平总书记强调，"要以发展现代化大农业为主攻方向""强化数字技术和生物技术赋能""把发展农业科技放在更加突出的位置""创新农业经营方式""打造食品和饲料产业集群"等内容；对于制造业，"要立足现有产业基础，扎实推进先进制造业高质量发展，加快推动传统制造业升级，发挥科技创新的增量器作用"；对于第三产业，"要大力发展特色文化旅游""繁荣发展文化事业和文化产业"。同时，党的二十大报告提出了"优化重大生产力布局"的要求，构造地区特色的现代化产业体系，形成优势互补的发展态势，才能完成全国性的产业升级。

产业升级应当以培育战略性新兴产业和未来产业作为形成新质生产力的突破性工作，以实现传统制造业升级为重点内容。根据"十四五"规划，战略性新兴产业包括"新一代信息技术、生物技术、新能源、新材料、高端装备、新能源汽车、绿色环保以及航空航天、海洋装备等产业"，这些产业结合新技术、开发新产品、实现新业态、发展新模式，能够有力地推动全产业链的优化升级。新兴产业已初具规模，焕发巨大的生命力和盈利能力，而未来产业只是初露峥嵘，仍需长期的创新引领和资源投入，如新型储能、类脑智能、量子计算、核聚变等行业，一旦成功将引起颠覆性的变化。在推动战略性新兴产业和未来产业成为新质生产力培养皿的同时，不能忽视传统制造业具有的规模优势和配套优势，不仅重视其在高端化、规模化、绿色化发展中较大的升级空间，更须将之作为新质生产力产生的基础和现阶段产业体系的中坚力量而对待。

国有经济的主导作用决定了容纳新质生产力的产业升级应该以国有企业为最重要的发展平台。习近平总书记强调，"继续深化国有企业改革，实施国有企业振兴专项行动，提高国有企业核心竞争力，推动国有资本向重要行业和关键领域集中,强化战略支撑作用"。国有企业天然承担更多非营利性职能,可以开展更多高风险及回报期长的创新投入工作,同时拥有更丰富的高素质人才和灵活的跨部门协作机制,因此,核心技术创新及应用大多在国有企业中开展。并且,跨国比较的研究也证明,相比于公立大学和国家实验室,国有企业才是公共部门中核心技术创新的先锋队和风险承担者。尤其在中国,国有企业更需承担起体现最高生产力水平的重任,强化国企在科技创新和应用中的职能,促进新质生产力在行业领导企业里集中。

五、新质生产力形成的着力点

新时代新征程,加快形成新质生产力是全面建设社会主义现代化国家的必然选择,具有奠定发展基础的重大意义。在就必要条件和培育方向的讨论中可以发现,新质生产力形成的关键在于创新和优化,以及在适合的实践路径中发展壮大。因此,结合我国当前的发展状况,其着力点在于以下四个方面。

第一,建设高质量教育体系,培养高素质人才。当前,在以人口高质量发展支撑中国式现代化的背景下,塑造现代化人力资源并提高其利用效率是形成和驾驭新质生产力的重要前提。创新链、产业链的进步必然依托于人才链的建设,这不仅需要汇聚拔尖创新人才而产生倍增效应,也离不开充足的后备人才梯队,更需要壮大具有高技能人才和大国工匠的产业工人队伍。这些劳动群体不仅掌握着先进生产力的应用,推动劳动复杂化的发展,更主导着未来技术的发展态势,以更高的效率推动新质生产力的形成。长期以来，我国所建成的世界上最大规模的教育体系有效地支持了生产力的进步，但新质生产力的发展难度更强调了由教育大国向教育强国的转变。为此，需要从建设高质量教育体系出发，推动教育强国建设与科技强国、人才强国的统筹推进，支撑起高水平科技自立自强，以人才的培养、储备、流动、聚集为发力点推动产教融合和校企合作，加快形成新质生产力。

第二，优化重大生产力布局，加快建设现代化产业体系。新质生产力布局在兼具竞争力和接续性的产业基础之中，并通过产业间的合理分工和高效互联发挥优势。推动生产力布局的优化，一方面，需要转移与升级并重的产业发展。依靠国内外的产业转移通道，有效匹配区域特长与效率优势，化解生产要素的错配问题，消除区域战略中的失衡和矛盾。进而，适应并引领全球产业体系建设的大方向，以具有国际竞争优势的多种产业集群和实体经济高效汇聚生产要素。另一方面，需要发展和安全并举的产业政策。世界百年未有之大变局使得全球治理体系加速演变和世界经济重心多元化持续发展，国家之间为抢占价值高位的竞争日趋激烈，生产力发展水平直接决定了其在世界秩序中新的生态位。先进生产力、核心技术、关键产业的缺失令大量发展中国家乃至富裕国家付出了丧失国家安全能力的重大代价，导致其长期面临着发展的安全性主动权缺失的问题。"卡脖子"和"被脱钩"难题也敲响了警钟，促使我国通过增加基础科学研究、推进技术创新、强化关键行业而进行"补链强链"。现代化产业体系的建设与新质生产力的加快形成具有良性循环的相互作用，共同依托于人才、技术、产业优势，以实体经济为支撑，以科技创新为引领，破除制约壁垒，厚积发展优势。

第三，实现国内国际双循环相互促进，加快构建新发展格局。构建新发展格局要求"增强国内大循环内生动力和可靠性，提升国际循环质量和水平"。国内大循环的增强有赖于生产要素配置效率的提高，不仅需要继续以深化供给侧结构性改革为主线，提高全要素生产率，还需要实现收入增长下的消费升级，通过扩大内需的战略基点使居民消费与先进生产相结合。而国际循环提升的关键是建立国际竞争新优势，一方面，需要实行更深层次的对外开放，汇聚全球资源，推进共建"一带一路"高质量发展，依靠协调互补的合作模式持续提升这一贸易网络的活力；另一方面，必须实现高水平科技自立自强，站在科技和产业的制高点上形成对于全球生产要素和资源的引力场，具备化解外部冲击严重影响国民经济运行的能力。因此，将构建新发展格局作为我国经济现代化的路径选择，在科技竞争日益激烈、我国环境资源和劳动力成本不断提高的形势下，实现畅通无阻的经济循环是形成新的生产要素优势的保证，避免自我封闭式的发展和"两头在外、大进大出"的低水平开放，才能形成新质生产力，继而以强有力的生产力保障增强发展的效率、动能和安全性。

第四，形成符合新发展理念的生产优势，切实推动高质量发展。生产力量的堆叠可以来自旧有生产要素的增长，但生产力质的提升必须依托新兴要素的升级。随着经济发展阶段的变化，对旧有生产力状况和发展模式提质增效成为应对阶段性变化和主动解决社会主要矛盾的必然之举。因此，遵循发展规律，对于"实现什么样的发展、怎样实现发展"的问题，新发展理念给出了科学的回答，为高质量发展起到了理念引领的作用。"贯彻新发展理念是新时代我国发展壮大的必由之路",其中包含了新质生产力的评价标准,突出了新质生产力在高质量发展中的基础性作用。

"创新"注重解决发展的动力问题,强调了科学技术创新在新质生产力形成中的主导作用。确定创新为第一动力并实施创新驱动发展战略,将不断开辟发展的新领域,建立起现代化经济体系的新优势新动能和国家发展的核心竞争力。"协调"旨在解决发展不平衡问题,同时也可视为对新质生产力平衡发展的要求。生产中的问题引发社会民生问题,生产要素组合的结构性问题是城乡、区域之间不平衡的重要原因,人口、资源与物质资本错配并产生长期依赖劳动力密集或资源密集的生产方式是经济失活的原因,并引发公共服务资源不足的问题而形成恶性循环。"绿色"关乎永续发展和长期生产能力,是提高生态生产力的必然选择,尤其在碳达峰、碳中和的目标下,增加清洁能源使用效率,推进低碳技术的开发和利用,形成绿色生产和生活方式,均须在新质生产力的发展中得以体现。"开放"强调进行发展的内外联动,新质生产力的形成离不开全球资源的汇聚,同时也是以高水平对外开放带动高质量发展的必然之举。"共享"反映了社会主义的本质要求,新质生产力由人民发展也掌握于人民手中,由此形成的物质财富用于扎实推动共同富裕,实现人的全面发展。

六、结语

党的二十大报告提出了"推动经济实现质的有效提升和量的合理

增长"的要求，加快形成新质生产力正是提高经济发展质效的关键内容。聚力新阶段奋进新征程，高质量发展已经成为新时代中国经济发展的主题，"新质生产力"理论的产生契合了这一时代要求。其"新"表现为新的生产要素以及新的要素结合方式，其"质"体现为高质的产业基础以及发展动能，其形成过程是以技术创新、人才培养、产业升级的配合而实现的多元生产要素的拓展与结合，其表现是所引发的现代化生产方式的更新和经济社会发展效果的质变。因此，"新质生产力是由技术革命性突破、生产要素创新性配置、产业深度转型升级而催生的当代先进生产力，它以劳动者、劳动资料、劳动对象及其优化组合的质变为基本内涵，以全要素生产率提升为核心标志"。

深刻把握新质生产力的前进方向，有助于正确处理中国式现代化中若干重大关系。习近平总书记强调了中国式现代化这一系统工程需要处理好的重大关系，包括顶层设计与实践探索的关系、战略与策略的关系、守正与创新的关系、效率与公平的关系、活力与秩序的关系、自立自强与对外开放的关系。分别而言，新质生产力理论的提出来自对经济社会发展规律的深入探索，是对新矛盾新问题解决的前沿性实践，从增强发展动能的维度进行了有效的顶层设计，从产业发展的方向上有力地推动了经济领域的实践；这既是全局性前瞻性的战略，又是科学灵活的策略，在外部环境变化中把握战略主动、因时因势量力可行的策略；这一理论以马克思主义生产力理论为指导，同时结合新发展阶段的新要求，更强调了创新在国家发展全局中的突出地位。新质生产力的形成目的在于极大地推动生产效率的提高，同时坚持以人民为中心的发展思想，将创造的社会财富用于扎实推进共同富裕；新质生产力汇聚活跃的生产要素，充分释放社会生产潜力，也依靠机制体制的科学管理进行有序的生产规划，并推进国民经济循环畅通，其中形成的生产力优势是我国实现高水平自立自强的保障和底气，既能将发展进步主动权牢牢掌握，又能高效汇聚全球资源，引领世界产业新分工，拓展中国式现代化事业的发展空间。

加快形成新质生产力需要明确其新质态、理解其与传统生产力的差别，拓展对生产力构成元素的认知，挖掘新的生产力来源，才能顺应时代的进步和要求，塑造新动能新优势。为此，需要明确承载其发展动能的主导力量是高素质人才群体，实现其发展目标的内外环境是新发展格局，必须依托人才发展引领科技创新，并在国民经济循环中实现价值创造，推动生产力的跃迁和螺旋式上升。在进一步培养新质生产力的进程中，需要深入学习和把握习近平总书记所指出的"根基在实体经济，关键在科技创新，方向是产业升级"的发展方向，以实体经济汇聚新质生产力各元素成为推进新型工业化的核心，以创新作为第一动力并突出科技创新和应用在推动生产力进步中的关键作用，以产业升级推动传统制造业焕发活力并实现战略性新兴产业和未来产业的突破性发展。

新质生产力符合"创新、协调、绿色、开放、共享"的发展要求，其形成将厚植符合新发展理念的生产优势，切实推动高质量发展。同时，新质生产力的形成必然增强经济安全的基础，确保重点安全领域能力建设，有利于构建新安全格局，增强发展的安全性主动权，更好地利用国际国内两个市场、两种资源，加快构建新发展格局。更重要的是，加快形成新质生产力，推动发展质量稳步提升，是对人类社会发展一般规律的科学认识的深化，有助于正确处理中国式现代化中若干重大关系，为全面建成社会主义现代化强国贡献强大的力量。

（原载《学习与探索》2024 年第 1 期）

第 三 篇

以改革创新加快形成
新质生产力的产业体系与新优势

刘元春 | 上海财经大学校长

以科技创新引领现代化产业体系建设

2023年底召开的中央经济工作会议系统部署2024年经济工作，围绕推动高质量发展提出九项重点任务，其中"以科技创新引领现代化产业体系建设"排在首位。这是把握新一轮科技革命和产业变革机遇的战略选择，也是推动我国在未来发展和国际竞争中赢得战略主动的必然之举。我们要聚焦经济建设这一中心工作和高质量发展这一首要任务，促进科技创新与实体经济深度融合，加快发展新质生产力，推进产业智能化、绿色化、融合化，为加快构建新发展格局奠定坚实基础，不断增强发展的安全性主动权。

以科技创新为支撑，加快形成和发展新质生产力

生产力发展是人类社会进步的根本动力，也是实现宏观经济长期稳定发展的根本力量。习近平总书记指出："科技创新能够催生新产业、新模式、新动能，是发展新质生产力的核心要素。"2023年中央

经济工作会议提出："要以科技创新推动产业创新，特别是以颠覆性技术和前沿技术催生新产业、新模式、新动能，发展新质生产力。"这是对马克思主义生产力理论的创新和发展，为我们在实践中建设现代化产业体系提供了根本遵循。形成和发展新质生产力，关键在于以科技创新为核心驱动力，以劳动者、劳动资料、劳动对象及其优化组合的跃升，催生新产业、新业态、新模式，不断塑造发展新动能新优势。

坚持科技是第一生产力，抓好科技创新成果转化。科技自立自强是国家强盛之基、安全之要，也是形成和发展新质生产力的题中应有之义。党的十八大以来，以习近平同志为核心的党中央坚持把科技自立自强作为国家发展的战略支撑，不断加强基础研究和原始创新，一些关键核心技术实现突破，我国跻身创新型国家行列。但也要看到，我国在工业"四基"即关键基础材料、核心基础零部件（元器件）、先进基础工艺、产业技术基础方面同发达国家相比仍有差距。要立足当前，重视科技创新成果转化，补齐工业"四基"的技术短板，筑牢基础设施建设、移动支付、数字经济等领域的技术长板，重视以人工智能为代表的通用技术发展，为营造良好创新生态、实现关键核心技术自主可控提供可行方案。同时要着眼长远，重视应用技术的研究探索，加强应用基础研究和前沿研究的前瞻性、战略性、系统性布局，把握世界科技发展大趋势、下好布局未来产业前瞻研发"先手棋"。

坚持人才是第一资源，打造新型劳动者队伍。当今世界，综合国力竞争归根到底是人才的竞争、劳动者素质的竞争。形成和发展新质生产力，需要打造一支新型劳动者队伍，包括能够创造新质生产力的战略人才和能够熟练掌握新质生产资料的应用型人才。要根据科技发展新趋势，优化高等学校学科设置、人才培养模式，为发展新质生产力、推动高质量发展培养急需人才。健全人才评价激励制度，营造有利于新型劳动者成长发展的良好环境。加快建设知识型、技能型、创新型劳动者大军，为新产业、新业态、新模式的形成与发展提供有力支撑。

坚持创新是第一动力，激发产业转型升级的发展潜能。创新在我国现代化建设全局中居于核心地位。只有推动以科技创新为核心的全面创新，才能更好把握发展的时与势，在形成和发展新质生产力中实现"以进促稳"。要坚持以科技创新成果的产业化为导向，支持培育有助于我国重塑国际合作和竞争的新优势、提升在全球产业链中地位的重点产业板块，构建一批各具特色、优势互补、结构合理的战略性新兴产业增长引擎，打造生物制造、商业航天、低空经济等若干战略性新兴产业。提前布局量子、生命科学等未来产业，为支撑经济中长期增长开辟新领域新赛道。同时，依托我国强大生产能力的优势，推动传统产业转型升级、集群式发展，以高质量供给创造有效需求。

以新质生产力推进产业智能化、绿色化、融合化

新质生产力是由技术革命性突破、生产要素创新性配置、产业深度转型升级而催生的先进生产力质态，是推动构建现代化产业体系的关键力量。新时代，我国陆续出台一系列发展规划，推动新型工业化发展，培育壮大战略性新兴产业，推动一些关键核心技术实现突破，

一些领域正在由跟跑变为并跑甚至领跑，数智技术、绿色技术等先进适用技术成为我国主动适应和引领新一轮科技革命和产业变革的重要力量。面对新的形势和任务，必须坚持智能制造这一制造强国建设的主攻方向，加快推进产业智能化、绿色化、融合化，建设具有完整性、先进性、安全性的现代化产业体系，不断夯实新发展格局的产业基础，为全面建设社会主义现代化国家提供有力支撑。

推进数智技术与实体经济深度融合，抢占全球产业体系智能化制高点。这是把握人工智能等新科技革命浪潮、加快建设以实体经济为支撑的现代化产业体系的必然要求。数智技术不仅包括以数据要素为核心的数字技术，而且包括与实体经济发展相关的一系列智能技术。要以数字技术进一步推动各类生产要素有机组合，以智能技术持续提高全要素生产率和经济潜在增长率，在激发各类生产要素活力、企业降本增效、产业链资源整合集成、产业结构优化升级等方面发挥更大作用，着力破解我国在推动高质量发展过程中供求结构不匹配的问题，推动经济社会发展实现质量变革、效率变革、动力变革。

推进绿色技术与工业化深度融合，形成产业体系绿色化的发展模式。绿色发展是高质量发展的底色。习近平总书记强调："加快绿色科技创新和先进绿色技术推广应用，做强绿色制造业，发展绿色服务业，壮大绿色能源产业，发展绿色低碳产业和供应链，构建绿色低碳循环经济体系。"要积极稳妥推动工业绿色低碳发展，深入落实工业领域碳达峰实施方案，推进能源绿色化、资源集约化利用，完善能源消耗总量和强度调控，逐步转向碳排放总量和强度双控制度，积极培育绿色增长新动能，以更小的生产成本实现更大的经济社会发展效益。

推进产业深度融合，实现产业体系融合化的发展格局。融合化是提升产业体系整体效能的必然要求。推动三次产业之间、大中小企业之间、上中下游企业之间高度协同耦合，有利于推动实现产业发展供求高水平动态平衡、产业链向高端化跃升、产业经济循环畅通，形成良好产业生态，更好释放产业网络的综合效益。要大力推进战略性新兴产业融合集群发展，在深度融合中实现创新资源整合集聚、技术力量发展壮大，形成分工细化和协同合作的产业发展格局。积极推动现代服务业同先进制造业深度融合，以全生命周期管理、供应链管理、系统化的管理流程再造，不断强化生产性服务业在发展和壮大实体经济中的重要作用，推动我国制造业发展向价值链高端延伸。

为建设现代化产业体系提供有力保障

构建现代化产业体系，不仅要坚持走中国特色新型工业化道路、加快形成和发展新质生产力，而且要推动形成与之相适应的生产关系。加快完善新型举国体制，发挥好政府的战略导向作用，让企业真正成为创新主体，让人才、资金等各类创新要素向企业聚集，有效解决建设现代化产业体系过程中遇到的各种矛盾和问题，为我国统筹高质量发展和高水平安全、实现经济社会发展行稳致远提供有力保障。

加强关键核心技术攻关和战略性资源支撑。构建现代化产业体系，关键在于推动创新体系和产业体系更好融合。在科技创新方面，要统筹推进科技、教育、人才工作，以重大目标任务和发展规划为导向，形成政产学研用深度融合的整体性研发框架，优化包括国家科研机构、高水平研究型大学、科技领军企业等在内的国家战略科技力量的创新资源配置，实现原始创新、集成创新、开放创新的一体设计、有效贯通，更好催生科技新潜力、找准教育着力点、培养人才生力军。在产业发展方面，要加快形成"科技–产业–金融"的良性循环，鼓励发展创业投资、股权投资，推动科技创新成果转化和产业化，更好实现金融链与创新链、产业链的精准对接。

着力推动国民经济循环畅通。统筹发挥国内大循环的主体作用和国内国际双循环相互促进作用，是充分发挥各类生产要素作用的重要条件，也是促进战略性新兴产业和未来产业发展的重要支撑。要加快推进全国统一大市场建设，充分发挥超大规模市场和强大生产能力的优势，集聚资源、释放内需、推动增长、激励创新，加快培育链主企业和关键节点控制企业，在推动我国实现更高水平供求动态平衡的同时，形成自主可控的核心技术掌控能力。持续深化高水平对外开放，扩大国际经贸合作范围、促进国际产能合作、引进国际先进技术，在不断提升国际循环质量和水平的同时，构筑同高水平对外开放相匹配的监管和风险防控体系，以新安全格局保障新发展格局。

切实加强质量支撑和标准引领。加强计量、标准、认证认可等方面建设，对于形成合理创新收益、完善科技激励具有重要作用。要充分认识质量支撑和标准引领对于产业良性发展的重要作用，大力发展新兴产业和生产性服务业的团体标准，形成延伸产业链、提升价值链、完善供应链的制度功能，增加中高端产品和服务供给，提升产业体系的完整性、先进性和安全性。要围绕我国具有技术主导优势的重要产业、重点产品和服务，促进同"一带一路"共建国家和地区、主要贸易国家和地区的质量国际合作，推动质量基础设施互联互通和共建共享，从先进标准"引进来"迈向中国标准"走出去"，提升"中国制造"的产业集中度和市场美誉度，巩固提升我国在全球产业链、供应链、创新链中的地位。

（原载《人民日报》2024年2月21日）

赵振华 中共中央党校（国家行政学院）经济学教研部主任、教授、博士生导师

加快形成新质生产力

习近平总书记在主持召开新时代推动东北全面振兴座谈会上指出："积极培育新能源、新材料、先进制造、电子信息等战略性新兴产业，积极培育未来产业，加快形成新质生产力，增强发展新动能。"就新质生产力的形成、价值创造和价值实现以及正确处理新质生产力与传统生产力的关系等基本问题，需要认真加以研究，进一步明晰内涵，推动加快形成新质生产力。

新质生产力的内涵和形成

生产力是人类改造自然、利用自然的能力，是推动社会进步最活跃最革命的因素。新质生产力是在当代科技进步条件下新兴产业特别是战略性新兴产业所产生的具有新的性质、新的属性的改造自然、利用自然的能力。它是在当代最新科技特别是在信息化、智能化、网络化等条件下形成的生产力，是重塑生产方式和生活方式以高质量发展

带来高品质生活的生产力，是以科技创新为引领、全面提高要素生产效率和全要素生产率的生产力。简言之，就是创造新的使用价值或财富的能力，既有已经成为战略性新兴产业生长出的新枝，也有未来产业萌发的新芽，是经济发展的新动能。

新质生产力是科技进步的结果。影响或决定生产力发展的因素很多："劳动生产力是由多种情况决定的，其中包括：工人的平均熟练程度，科学的发展水平和它在工艺上应用的程度，生产过程的社会结合，生产资料的规模和效能，以及自然条件。"形成生产力并不意味着产生新质生产力，有且只有由科技进步而形成的生产力才能称为新质生产力，因为只有科技进步才能提供新的产品和服务，改善性能和提升品质。当今时代，科技进步横向呈现外溢扩散趋势，如数字技术几乎可以赋能所有产业；纵向呈现加速发展趋势，产品升级迭代越来越快。

新质生产力构成要素发生质的变化。马克思认为劳动过程的基本构成要素是"有目的的活动或劳动本身，劳动对象和劳动资料"。今天，生产力构成的基本要素没有增减，但每一要素的质量发生明显变化。从有目的的活动或劳动本身而言，劳动者素质不断提高。越来越多的一线工人由直接操作机器转变为操作电脑、由过去的接触式工人转变为间接的远程操控者。从劳动对象来看，一方面，过去劳动对象比较少，企业生产直接将初级原材料加工成制成品进入消费环节，产业链条短。而今，劳动对象越来越多，上下游产业链条越来越长。越来越多的产品成为中间产品，成为被加工的对象，最终产品也越来越多。另一方面，劳动对象的发展呈现细分趋势。从劳动资料来看，已经由机械化转变为数智化，机器或机器体系突破工厂围墙，实现生产线全球联网，确保了生产的连续性。马克思在《资本论》第二卷中谈到资本周转时曾有精辟分析："生产过程的这样一种有规则的中断，是和现代大工业的经营根本不相容的。这种连续性本身就是一种劳动生产力。"因此，新质生产力是由新的劳动本身、新的劳动对象、新的劳动资料等共同作用形成的。

新质生产力是动态发展的。科学技术进步衍生出新兴产业，今天的先进技术明天就会变成传统甚至落后技术，今天的新兴产业明天就会变成传统产业，今天的新质生产力明天就会变成传统生产力。就农业发展而言，铁制镰刀、锄头等代替打磨石器，拖拉机、收割机等机械化农具代替传统农具，智慧农具代替机械化农具将促进新质农业生产力发展。由于技术进步是波浪式的，所以新质生产力也是波浪式发展，其结果有二：一是新产品渐进式代替旧产品，如新一代汽车代替老一代汽车，导致新旧两代甚至多代汽车并存；二是新产品在短时间内完全代替传统产品，如数码相机在极短时间内代替机械相机，意味着机械相机时代的结束。

新质生产力是历史发展的结果。今天形成的新质生产力是以往科技进步世代累积的结果。没有第一代产品，就不可能产生第二代产品。科技进步遵循渐进原则，突变也是在渐变基础上产生的。推动科技进步的是人，是人的复杂劳动。简单劳动与复杂劳动是相对的，是相对简单而不是绝对简单。新质生产力表面看是机器、机器人创造新质生产力，实质是人在创造新质生产力。要形成更大的新质生产力，首先要培养更多的人才。需要科学家提出新概念、发现新原理、绘制新图纸，还需要建筑师把蓝图变为厂房、工程师组装复杂的机器体系，更需要高素质的工人从事复杂劳动，缺一不可。今天的产业工人是懂操作懂软件的产业工程师。要形成更大的新质生产力，还要不断变革生产关系。科学技术越是向前发展，越需要管理更加科学。有了无人驾驶技术，就需要无人驾驶汽车上路的规则，有了无人驾驶飞机，就要设置飞行空域，制定飞行规则。

新质生产力的价值创造和价值实现

商品的价值是"无差别的人类劳动的单纯凝结，即不管以哪种形式进行的人类劳动力耗费的单纯凝结"。形成价值需要具备以下条件：一是人类的劳动。不是人类的劳动如驴拉磨、蜜蜂采蜜等都不能产生价值。二是要凝结在商品中。离开商品范畴就谈不上价值的创造。三是消耗了人类的体力和脑力劳动。新质生产力表面看是由科学技术进步推动的，似乎是由科学技术和先进机器、机器人、人工智能等推动的，但实质上是人起关键作用而推动的。即使已经发展到深度学习、自动生成阶段，背后依然是编制程序的科学家、工程师发挥主导作用。有且只有人的活劳动才是价值的唯一创造者，再先进的机器也是机器，机器人是机器不是人，人工智能模仿人脑功能，依然不是人的劳动，因此，都不创造价值。

先进机器、人工智能虽然不创造价值，但不能否定其在经济社会发展中的重大作用。一是形成了改造自然、利用自然的新能力，创造出更多更好的使用价值，创造更多新的物质财富和精神财富，不断地提升人类的生活质量。二是促进一个国家和地区形成核心竞争力。要想在愈益激烈的国际竞争中取胜，就必须推进科技进步，应用先进科技物化的成果——机器及机器体系。三是促进企业形成核心竞争力并带来更多的超额利润。

战略性新兴产业、未来产业形成的新产品要进入市场，接受市场的考验，把产品变为商品，把商品变为货币，进入消费领域，这时产品才完成了历史使命。市场是衡量新质生产力创造的使用价值的最好尺子，也是实现其价值的唯一路径。推动形成新质生产力必须让市场在资源配置中发挥决定性作用：一是生产要素来自市场。二是市场有定价权，特别是劳动力和管理者贡献的定价权，各种生产要素按照贡献份额获得相应报酬。三是市场平等竞争。四是产权得到有效保护。政府的作用在于为新质生产力的形成和发展提供市场化、法治化、国际化的营商环境，而不是简单地提供各种优惠政策，更不是关起门来搞地区封锁和部门分割。形成新质生产力要遵循科学研究规律和科技成果转化规律。科学研究是探索未知，探索就会有成功有失败，要有容忍失败的机制和耐心，凡事不能急于求成。对于孵化出的新成果需要通过风险投资予以培育。同时，还要有培育实体的或虚拟的科技市场，促使科技成果交易。

平衡好新质生产力与传统生产力的关系

传统生产力和新质生产力共同体现一个国家和地区的综合生产力水平。传统生产力是基础，新质生产力是关键。只有落后的技术和产品，没有落后的产业。纺织业是传统产业，但利用先进技术进行改造，同样可以织出全世界最高端、最有附加值的布料。新兴产业、未来产业是引领和形成新质生产力的主导力量。新质生产力和传统生产力既存在替代关系，也存在互补关系。新兴技术必将替代传统产业中的落后技术，同时为传统产业注入新的科技基因。一方面，传统产业通过技术改造可以成为新兴产业，形成新质生产力。另一方面，战略性新兴产业若不及时跟踪和应用新技术，可能会被迅速淘汰，未来产业若不能深耕技术和市场，也可能只是潜在生产力，而不能形成现实的新质生产力。

新质生产力代表未来一段时期乃至很长时期的生产力的前进方向和必然趋势，但新产品、新技术占领市场需要时间。传统产业中的落后技术、落后产品退出市场是一个渐进过程。在更多情况下，传统产业与新兴产业、萌芽中的未来产业并存，新产品与旧产品、新技术与旧技术同在。特别是我国国土面积广大，各地区风俗习惯不同，不同收入群体有较大差距，这些都决定了多代产品、多代技术并存于市场。因此，要坚持的基本原则是立破并举，韬略是腾笼换鸟，技术导向是高水平科技自立自强。

形成新质生产力既需要国家队，这里的国家队不是政府指定的而是由市场形成的、担负集成创新功能的龙头企业或单打冠军，也需要千千万万中小企业承担某一领域或某个工序的创新。每一个产业都可能形成新质生产力，不能把这当成少数新兴产业和未来产业的事，也不能错误地认为新质生产力是个别科技型企业的事，而是需要形成万众创新的局面。

既要重视应用学科，更要重视基础学科。新质生产力的形成是基础学科和应用学科共同推进的结果。没有科学的进步就难以实现技术的突破。科学技术的原创遵从两条路线：一条是围绕应用展开，坚持问题导向；另一条就是基础学科突破，坚持实践导向。由此，我们既要重视眼前，又要着眼长远；既要重视技术应用及应用学科，又要重视基础学科；既要重视技术发明，又要重视科学发现。需要强调的是，全面建成社会主义现代化强国，需要高度重视基础学科。在一定意义上讲，数学的基础学科发展到哪里，社会文明才能进步到哪里。基础学科为应用学科提供坚实的基础。基础学科未必很快产生成果，需要长时间、大投入，需要有战略定力，要容忍基础理论、基础学科长时间不产生新成果，但一旦产生新成果往往对传统生产力具有颠覆性影响，且影响极其深远。

新质生产力给人类社会带来的影响往往是立体的、全面的、深刻的，既改变着人们的旧思想和旧理念，更改变着人们的生产方式和生活方式，把不可能变为可能，甚至改变一个国家和民族的命运。英国在第一次产业革命中崛起成为强国；美国在第二次和第三次产业革命中坐上了综合国力的头把交椅，其根本原因就是抓住产业革命的机遇，不断地形成和发展新质生产力。人类社会进步的历史就是新质生产力形成、成长和发展的历史。我国要到本世纪中叶建设成为现代化强国，必须统筹教育、科技与人才，加快发展战略性新兴产业和未来产业。要全面深化改革，让市场在资源配置中发挥决定性作用，更好发挥政府作用。要改革科技体制，把科研院所与企业的功能合二为一，科研院所围绕企业需求转，企业的问题就是科研院所的课题。要进一步改革用人制度，着力破"四唯"，看实绩、创新和市场效果。保护新质生产力，发展新质生产力，破除新质生产力发展的各种障碍。

（原载《前线》2024 年第 1 期）

黄恒学 | 北京大学政府管理学院教授、博士生导师
北京大学国家治理研究院研究员

发展新质生产力的时代要求与政府作为

2023年9月7日在新时代推动东北全面振兴座谈会上，习近平总书记强调："积极培育新能源、新材料、先进制造、电子信息等战略性新兴产业，积极培育未来产业，加快形成新质生产力，增强发展新动能。"据不完全统计，31个省（区、市）的2024年政府工作报告中，共有26个省（区、市）的政府工作报告在相对靠前的位置重点提及了新质生产力。多地政府工作报告提出，2024年将锚定培育新兴产业、未来产业，聚焦以科技创新引领经济发展，促进形成新质生产力，培育强劲新动能。各地政府在结合本地区发展优势的基础上因地制宜培育新质生产力，比如，北京市政府突出首都定位和科技创新中心的优势，已率先建立充满发展活力的新质生产力发展格局；广东省政府强调实体经济的关键作用，在推进制造强省建设的基础上不断壮大新质生产力；浙江省政府强调"一链一策"推动新兴产业发展，布局未来产业先导区，大力发展新质生产力。

发展新质生产力对政府作为提出了三个新要求

2024年《政府工作报告》提出："大力推进现代化产业体系建设，加快发展新质生产力。充分发挥创新主导作用，以科技创新推动产业创新，加快推进新型工业化，提高全要素生产率，不断塑造发展新动能新优势，促进社会生产力实现新的跃升。"这对政府如何有效发展新质生产力提出了以下三个新的要求。

优化升级产业链供应链。通过宏观调控和政策支持，确保产业链和供应链稳定，包括优化财政政策和货币政策，提供必要的财政支持和信贷便利，平衡产业链中的供需关系，从而稳定市场预期和增强企业信心。同时，关注国内外市场趋势，以及全球经济形势的变化，及时调整和优化政策，应对可能的经济波动和外部风险。

培育新兴产业和未来产业。对于智能网联新能源汽车等已具有一定竞争优势的产业，不仅要巩固现有成果，还需进一步扩大其市场份额和技术领先边际，包括推进关键技术突破，优化产业链布局，提高产品的市场接受度和消费者体验。同时，加快氢能、新材料、创新药等前沿产业发展，优化产业结构。对于氢能源产业，应加大研发投入，推广氢能汽车和氢能储运技术的应用，探索可持续的能源解决方案。

深入推进数字经济创新发展。政府应当加大对基础研究和关键技术攻关的投入，如人工智能、大数据、云计算、区块链等，推动数字技术的创新和应用。加强数字基础设施建设，如5G网络、数据中心等，为数字经济的发展提供强有力的物理和网络支撑。同时，在政策制定上注重促进跨行业、跨领域的融合发展，打破信息孤岛，促进数据资源的共享和开放，提高数据资源的利用效率和价值创造能力，加强数据治理，确保数据安全和个人隐私保护，为数字经济的健康发展创造良好的法律和社会环境。

促进新质生产力发展需处理好四对关系

由于不同地区发展水平各异，新质生产力的发展表现出一定的地域差异性，采取策略应当因地制宜，依据各地的资源优势、产业结构和科学研究条件等，针对性地促进新兴产业、新商业模式和新动力的发展，着力于科技创新的关键环节，通过加强现有优势，提升弱项和开发新领域，积极探求符合本地实际，能够体现地方特色的发展新途径。

正确处理政府和市场的关系。第一，有效发挥政府和市场的作用。政府通过制定相关政策和出台相应法律法规可以为新质生产力的发展提供方向性指导，而市场则依靠价格机制和竞争环境来激发市场主体的创新动力，并推动科技成果的实际应用和产业化过程。一方面，政府应发挥引导作用，加快推进重大科技创新项目，包括对基础技术和关键技术研发的引导和支持，增加对科学研究、人才培养的投资。另一方面，市场的作用在于确保科技成果能高效转化为实际生产力。充分利用市场在资源配置中的优势，支持政府与企业共建创新平台，实现政府的积极引导与市场的高效配置之间的高效协同。

第二，充分利用政府与市场各自的优势。在科技创新和解决重大科学问题方面，政府可利用其组织协调和资源调配的优势，提升国家科技实力。由于私营部门在面对高风险和长期投资的科技创新活动中，可能存在溢出效应、专属性、发展滞后性等局限，政府的及时介入变得尤为重要。在探索新的科技领域和产业发展路径时，这些领域的不确定性和研发投入的巨大风险往往超出了一般企业的承受范围。因此，通过政府的直接支持和引导，研发攻关那些具有关键意义的技术研发项目，确保科技创新既能够顺应市场需求，又能够在政府的支持下克服初期面临的不确定性和风险。

第三，加强对基础科学研究、应用研究及人才发展领域的资金投入。解决重大科学问题和关键技术挑战往往需要汇聚多方面创新力量的共同努力，政府可利用战略规划、政策激励和财政支持等手段，促进产业链各环节企业的协同创新，以提高整个社会的创新能力和效率。同时，充分发挥市场作用。市场对信息的感知和处理速度快于政府，能够有效促使企业在探索新技术、新产品和新商业模式过程中进行尝试、竞争和协作。在市场的驱动下，企业不仅可以快速验证新技术的实用性，还能加速科技成果在经济领域的应用，推动技术创新和产业升级。

正确处理生产力和生产关系的关系。第一，加快形成新质生产力需要处理好体制机制改革问题。全方位深化改革，不断优化生产关系，更好地适应并引导先进生产力发展方向。通过实施供给侧结构性改革，减少无效的和低端的供给，同时增加中高端的供给，提升供给体系对市场需求变化的响应速度和调整能力，进而提高整体生产效率。同时，进一步完善和优化体制机制，通过增强组织执行力、完善协作机制以及调整市场准入政策，有效激发市场活力。

第二，适当调整生产力与生产关系之间的动态平衡。这要求全方位推进改革，构建与新质生产力发展相匹配的现代生产关系。重点在于深化科技、教育和人才管理体制改革，突破新质生产力发展的瓶颈，加快形成支持新质生产力发展的体系，确保优质生产要素自由流向新质生产力领域。同时，加大对外开放，打造符合市场规律、法治原则及国际标准的商业环境，为新质生产力的发展提供一个更加有利的国际环境。通过不断改革获取发展动力，借助开放促进经济活力，进一步扩大新质生产力的发展空间。

第三，加强重点行业统筹布局和投资引导。通过深入分析国内外市场需求和产业发展趋势，科学制定和调整产业政策，明确未来发展的重点领域和关键技术，从而为投资决策提供指导。建立健全产业监测和预警机制，及时掌握行业产能情况，有效预防和解决产能过剩问题。加强政策引导和财政支持，鼓励企业通过技术创新和模式创新提高生产效率和产品附加值，通过优化财政资金投入结构，引导社会资本投向创新驱动和产业升级领域，减少对低端产能盲目扩张，对于那些可能引发产能过剩的项目，应当采取限制或者禁止的措施，并鼓励企业通过并购重组、技术创新等方式，提高产能利用率和产品竞争力，避免低水平项目重复建设。

正确处理新兴产业和传统产业的关系。第一，采取"创新先行，优化跟进"的策略。推动新质生产力的增长并不意味着放弃或忽略已有的传统行业，通过互补优势努力实现新兴产业与传统产业的协同发展，使二者能够相互支持，共同促进经济增长。以科技创新作为主导，旨在培育和加强新兴产业的发展，积极规划和建设前瞻性的未来产业。同时，推动传统产业技术更新和业务改造，促使其向高端化、智能化和绿色环保的方向转型。

第二，构建现代化产业体系。在推动产业向高端化转型过程中，加强基础建设，实现关键基础组件、软件、材料以及生产工艺等技术突破，并聚焦高端装备的发展，例如，航空器、工业机械、医疗设备等领域，提高传统行业的技术水平。在智能化升级方面，将人工智能技术与传统行业深度融合，利用互联网技术对生产和运营过程中的数据进行采集与分析，将人工智能与生产设备及控制系统高度融合，推动生产控制和管理智能化，提升生产效率和管理效能。为促进产业的可持续发展，关键在于加快绿色和低碳技术的创新突破，包括对生产流程和设备进行升级，实现智能化改造和环保技术应用。

第三，完善创新体系，实施产业创新工程。一方面，加强产业创新基础，通过提高研发投入，推动大数据、云计算、人工智能等先进技术在各行各业的广泛应用，提升产业智能化水平。积极探索和拓展新的应用场景，针对市场需求，开发新产品和提供新服务，不断拓宽战略性新兴产业的市场空间，为产业发展注入新的活力；另一方面，加强产业生态的整体布局，支持产业集群的形成和发展，充分发挥产业集聚效应。通过政策激励和资源整合，吸引高新技术企业和人才聚集，利用全球创新资源和市场机遇的优势，提升我国产业的全球竞争力。同时，完善相关法律法规和政策体系，保障知识产权，营造公平竞争的市场环境。

正确处理共性和个性的关系。第一，从实际出发，因地制宜。我国地域广阔，各区域在资源配置、产业基础以及科研条件等方面存在显著差异，必须实事求是，根据各地的具体发展情况采取区域化管理，充分利用各地的特色资源，将资源优势转化为经济发展优势，确保政策的有效性和适用性。政府应根据不同地区的发展特点和需要，出台相应的政策和措施，包括财政、税收、金融、土地等方面的支持，以及人才、技术等方面的引导，为新质生产力的发展提供有力支持。同时，发挥各地区的独特优势，通过科学规划和资源配置，明确发展领域，加强地区间的协同发展。此外，聚焦政府和市场在推动区域经济发展中的协同作用，确保政策措施既具前瞻性又兼具可操作性，实现区域经济均衡发展。

第二，精准定位工作重心与攻坚方向。根据当地的产业基础和发展潜力，精准定位产业发展方向，要避免盲目跟风和过度投资导致的市场泡沫，也不能单一模仿其他地方做法。同时，注重产业链的补齐和延伸，通过建立联动机制，加强跨部门和地区之间的合作，形成特色鲜明、竞争力强的产业集群。此外，加大对重点行业规划和项目审批的管控力度，对拟投资项目进行严格的评估和审查，确保每一个项目都能符合产业发展规划，避免资源无效配置和产能无序扩张。

第三，激发地方主动性。鼓励地方根据自身特点，积极探索适合自己的发展模式和路径，发挥地方政府和企业的主观能动性，形成多元化、特色化的发展格局。通过改善投资环境、提供政策引导和财政税收优惠、加强人才培养和引进等方式，营造有利于创新和发展的氛围。同时，促进区域间的交流与合作，借鉴其他地区成功经验，保持自身特色，形成互补互助的发展关系，共同推动区域经济多元化发展。

（原载《人民论坛》2024年第6期）

任保平 | 南京大学数字经济与管理学院特聘教授、博士生导师

以数字新质生产力的形成全方位推进新型工业化

2023年9月，习近平总书记在黑龙江考察调研期间首次提出新质生产力。2023年9月23日，在全国新型工业化推进大会上，习近平总书记作出重要指示，强调把高质量发展的要求贯穿于新型工业化全过程，为中国式现代化构筑强大物质技术基础。2023年中央经济工作会议提出，要大力推进新型工业化，发展数字经济，"新质生产力"第一次被写进中央经济工作会议，强调要以科技创新推动产业创新，发展新质生产力。2024年1月31日，二十届中共中央政治局第十一次集体学习时，习近平总书记首次全面系统阐释了新质生产力。目前，推进新型工业化面临全球数字化浪潮带来的挑战和机遇，改变了工业化发展的生产力基础和性质，形成了新技术、新产业、新能源为代表的新质生产力。新型工业化与新质生产力具有相互促进的作用，以数字经济与实体融合为特征的新型工业化是形成新质生产力的主要阵地，发展新质生产力就是通过科技创新与产业创新形成现代化产业

体系来推动新型工业化，新质生产力是推进新型工业化的驱动力，新型工业化可以为新质生产力的形成提供保障，可以说推进新型工业化的进程是加快形成新质生产力的过程，形成新质生产力的过程就是推进新型工业化的过程。因此，我们要以数字经济与实体经济融合为路径加快形成数字新质生产力，全方位推进新型工业化。

一、以数字经济与实体经济深度融合为核心形成新质生产力推进新型工业化

党的十六大首次提出新型工业化至今已有20多年，且十六大后历次党代会都重点强调要实现新型工业化。党的二十大报告提出，坚持把发展经济的着力点放在实体经济上，推进新型工业化。2023年9月召开的全国新型工业化推进大会和2023年中央经济工作会议提出要大力推进新型工业化，发展数字经济，加快推动人工智能发展。目前中国工业化遇到了数字化时代的挑战，为了迎接数字化时代工业化的挑战，要以数字经济与实体经济的融合实现工业化路径的转型。

全球数字化浪潮是当前世界经济发展的新趋势，受新一代数字技术革命和产业变革的影响，世界各国在数字产业的国际竞争中开始通过数字经济与实体经济融合推动新型工业化，以数字经济与实体经济的深度融合推进新型工业化是我国在工业化后期深化工业化进程的重要战略选择。数字经济与实体经济融合是数字技术改造传统产业，进一步成为新产业的过程，也是形成数字新质生产力的过程。数字经济与实体经济融合之所以形成数字新质生产力，原因在于：一是数字技

术及其产业化为形成数字新质生产力提供了技术基础和产业基础，形成了数字新质生产力。科技革命和产业变革是引致生产力变革，形成特定时期生产力的技术基础和产业基础，新质生产力是以数字技术为代表的新一轮科技革命引致的生产力跃迁，数字技术创新驱动形成新质生产力的新动能，数字技术创新与应用为形成新质生产力提供了新引擎，在数字经济与实体经济融合过程中不断催生出新的产业，形成数字新质生产力的产业基础。在新产业不断出现的同时，数字技术不断向传统产业渗透，推动传统产业的数字化转型，也促使数字经济与实体经济融合的不断加深，在融合中形成了数字新质生产力，数字新质生产力使传统产业中的资本密集型产业和劳动密集型产业中的数字技术含量不断提高，以技术创新和产业创新推动新型工业化。二是产业基础能力的高级化，推动数字新质生产力的形成。依据产业结构理论，在工业化发展中产业发展在工业化后期由高加工工业向高新技术产业过渡时，产业发展的技术基础将发生转变。特别是在新一代数字技术发展的背景下，数字技术是综合的技术，所形成的数字新质生产力冲击传统产业价值链，催生出一大批具有现代化技术基础的新产业，同时加速了产业从分立走向融合，促使数字经济与实体经济相互融合，而产业融合使产业的界限变得模糊，改变了传统产业的基础能力，实现了传统产业基础能力的高级化。三是大型企业组织的数字化转型，推动数字新质生产力的形成。大型企业是推动新型工业化的主体力量，是新型工业化中推动数字经济与实体经济融合发展的重要载体，它们具有的研发组织是推动企业数字化转型的主体，运用不断增加的科技投入形成的数字技术创新，为数字经济与实体经济的融合发展提供技术支持，通过数字经济与实体经济的融合推动数字新质生产力的形成。同时在此基础上，数字经济与实体经济融合也改变了传统的产业组织，行业界限逐步模糊，产业边界逐步消失，而产业融合为形成新质生产力和推进新型工业化提供了高级化的产业基础和现代化的产业链。

新型工业化是以新一代数字技术进步带动的信息化与工业化的融合，其本质是通过数字经济与实体经济融合推动数字新质生产力的形成并带动工业化的新发展，形成数字经济时代以数字经济与实体经济融合为特征的工业化。数字经济与实体经济融合是在数字技术和人工智能技术发展的前提下，在基础层面、产业层面、企业层面和生态层面系统的融合过程。由于数字经济与实体经济的融合使传统工业化的生产力基础和生产方式发生了变化，数字新质生产力推动形成了数字经济与工业化的融合效应：数字经济与实体经济融合在工业化中推动了高附加值产业的成长。数字经济与实体经济融合是新型工业化的本质属性，在推进新型工业化的过程中，需要采取积极的措施推动数字经济与实体经济深度融合，通过数字经济与实体经济融合形成的数字新质生产力推进我国的新型工业化进程。推动新型工业化的数字新质生产力是在数字化与工业化互动中产生的，数字经济与实体经济融合是数字化发展的结果，通过数字经济与实体经济融合推动数字新质生产力的形成，进而推进新型工业化进程需要进行工业化发展战略和发展方式的转变。

促进数字经济与实体经济融合推动数字新质生产力的形成，必须促进数字产业化和产业数字化的协调，创造数字经济与实体经济融合推动数字新质生产力形成的产业基础条件,以数字经济与实体经济深度融合为核心形成新质生产力推进新型工业化:一是以技术融合为引领的产业创新范式快速变革推进新型工业化。以数字经济与实体经济深度融合为核心形成新质生产力将数据价值转化为工业化创新的源头供给,加强数字技术和产业技术融合创新,构建产学研用协同创新体系,推动创新链、产业链、资金链和人才链的衔接,推动数字新质生产力的形成,带动产业创新能力的整体提高,推动工业生产从自动化、信息化迈向数字化和智能化。二是以数字经济与实体经济融合提升实体经济价值链水平推进新型工业化。以数字经济与实体经济深度融合为核心形成新质生产力,通过数字经济与实体经济融合发展提升全产业链数字化水平,培育发展新型制造模式,塑造传统产业的创新范式,推进生产侧与需求侧深度融合,推进制造业与平台经济深度融合,推动实体经济价值链向用户赋值、平台创值等方向延伸,实现产业链现代化。三是以数字经济与实体经济融合激发产业创新活力推进新型工业化。以数字经济与实体经济深度融合为核心形成新质生产力,推动实体经济全链条数字化转型,挖掘数据资源、数字技术等新型要素的价值,推动算力、模型、数据等关键要素创新突破,优化创新成果快速转化机制,促进重点数字产业创新发展,推动数字新质生产力的形成,提升产业链关键环节竞争力。四是扩大数字化转型的应用场景推进新型工业化。以数字新质生产力推进新型工业化,要加快工业互联网规模化应用,推进互联网、大数据、云计算、区块链等数字技术在实体经济的应用,加快重点领域智能装备发展,推动通用人工智能赋能新型工业化,提升产业链供应链智慧管理水平。推进重点行业和重点应用场景深度覆盖，完善工业互联网技术体系、标准体系、应用体系，以工业互联网推动工业全价值链价值重构。推动数字经济与工业化实现融合，探索新的应用场景。五是激发数字经济与实体经济融合发展活力推进新型工业化。企业是数字经济与实体经济融合的产业发展主体，也是形成数字新质生产力推动新型工业化的重要力量，在数字经济与实体经济融合中面向企业数字经济与实体经济融合需求，促进各类要素资源向企业汇聚，激发企业创新动力和融合发展活力。发挥数字化头部企业的引领作用，培育创新能力强的融合应用头部企业，通过开放平台鼓励头部企业与中小企业互利合作，在数字经济与实体经济融合中形成协同创新的企业集群。

二、以数字产业价值链升级为重点形成新质生产力推进新型工业化

产业是新质生产力形成的载体和表现形式，在数字化与工业化结合形成数字新质生产力推进新型工业化的过程中，提高经济效益的关键是要实现经济结构的合理化和高级化，工业经济结构合理化和高级化的本质是推动产业价值链升级。因此，在以数字新质生产力的形成全方位推进新型工业化的过程中，要以数字产业价值链升级为重点形成新质生产力推进新型工业化。通过产业价值链升级在产业内形成价值链联系，产业价值链升级是提高整体产业竞争力和产业经济效益的关键。因此，在形成数字新质生产力推动新型工业化的过程中，要提高工业经济效益，就必须进行产业价值链升级，在数字技术和数据要

素的双轮驱动下推动数字新质生产力的形成，使产业结构向具有高产业利润和高附加值的产业上游转化，在新型工业化中促进产业价值链的升级。

在以数字产业价值链升级为重点形成新质生产力推进新型工业化的过程中，需要实现产业链的现代化和价值链的高级化，企业创造价值过程中的设计、生产、营销等一系列经济活动的总和构成产业的价值链。产业链是价值实现和价值增殖的途径，涉及产业价值创造和实现，产业链从微观上来说是指一个企业的供应链，在宏观上则是指产业链。产业价值链是指从原材料到加工到最终产品生产以及到达市场的产业价值的分布，是价值创造的完整链条，是由产业各个环节一系列价值创造活动构成的。价值链分布将产业链分为上游、中游和下游。上游掌握了行业的关键技术，具有核心竞争力。中游依据上游提供的标准对初级产品进行精加工，中游厂商的利润来自规模经济和专业化生产。下游为中游提供零部件加工、配套产品的加工，下游产业处于完全竞争市场结构中。在数字化与工业化结合形成新质生产力推动新型工业化的过程中，要推进产业基础再造和产业链提升工程，打造具有创新能力和高附加值的产业链，把重点产业链作为推进新型工业化的抓手，完善产业链数智化机制，提升重点产业链的数智化水平。为此，在以数字产业价值链升级为重点形成新质生产力推进新型工业化的过程中，要推动产业结构的高级化，通过产业结构的高级化促使工业化向高附加值化的工业结构方面转化，工业结构高级化的实质是产业链的延伸和产业价值链的升级，使产业链由低利润区延伸到高利润区，在高利润区形成产业集聚，使低端的产业结构升级为高端的产业结构，由单一的产业结构演变为多元化的产业结构，使工业化方式由规模扩大型转变为质量和效率提高型。

以数字产业价值链升级为重点形成新质生产力推进新型工业化，需要推动产业价值链升级，这对于新型工业化的实现具有重要意义。因此，在以数字新质生产力推动产业价值链升级为重点形成新质生产力推进新型工业化的过程中，要以产业价值链升级为目标，以提高技术创新能力为手段，推进工业结构的高级化和经济效益的不断提高。一是促进我国工业价值链升级，提高在国际产业分工中的竞争力。加强产业技术创新，构建全球价值链战略，发挥我国工业化的比较优势，构建起以自我为主的价值链体系。增强制造业的自主研发能力，提升制造自动化、智能化水平，加快制造业的智能化升级，加快形成数字新质生产力，推动我国制造业向全球价值链上游攀升，将我国制造业打造成全球价值链的高端。以工业互联网平台为载体，进行产业价值链重构，实现企业价值链、区域价值链与全球价值链的对接，以数字产业价值链升级为重点推进新型工业化。二是通过产业数字化和数字产业化的协同发展实现价值链升级。在以数字产业价值链升级为重点推进新型工业化的过程中，要实现产业数字化和数字产业化的协同发展，形成数字新质生产力推动现代化产业体系的构建。通过产业数字化提升传统产业的产业基础能力，可加快数字经济与传统产业的融合发展，促进新型工业化中产业基础能力的高级化和产业链的现代化。三是形成数字产业链和产业集群。数字化推动全球价值链的重构，在以数字产业价值链升级为重点推进新型工业化的过程中，要以实体经济为着力点，以融合方式促进产业数字化和数字产业化的协同发展，推动产业链的整体升级改造，通过提升产业链提高制造业重点产业链的质量，进而推进新型工业化进程。推动数字产业化、数字技术创新及其产业化和商业化，在推动技术创新和生产流程再造基础上构建完善的产业升级体系，通过数字经济与制造业的融合实现产业链和价值链的整体变革，形成数字新质生产力催生价值链升级的新产业、新业态、新模式，最终形成数字产业链和产业集群。四是在维护好我国产业链供应链完整性的基础上促进产业链升级。准确认识制造业在国民经济中的重要性，以消费升级带动优质产业链的成长，突破产业链高端环节的关键技术，以创新链提升优质产业链。抓住全球价值链重构机遇，加快推动产业链供应链数字化和智能化，利用新一代数字技术实现产业链再造和价值链提升，推进制造业数字化转型，推动产业链向高附加值领域转移，迈向全球产业链中高端。

三、以工业化质量的提高形成新质生产力为目标推进新型工业化

工业化的阶段不同，工业化的生产力基础也不同。工业化初期的任务是推进工业化进程，是数量型发展的工业化，依靠的是传统生产力。而工业化进入高级阶段后，主要任务是在新一轮科技革命和产业变革推动下提升工业化的质量和竞争力，依据新一轮科技革命和产业变革的成果对工业化战略进行调整，走新型工业化道路，这一时期工业化的目标是质量型的工业化，依靠的是新质生产力。以工业化质量的提高形成新质生产力为目标推进新型工业化的过程中，需要数字技

术和数据要素的双轮驱动。

工业化是数量与质量、速度与效益、规模与效率、工业经济增长与社会发展及环境保护的统一，工业化进入高级阶段需要依据技术条件对原有工业化战略进行重大调整，提高工业化的产业基础和产业素质，推进工业化由数量规模型转向质量效益型，在更高层次上推进工业化的进程。在科技革命和产业变革的推动下，从低级粗放的工业化向高级创新的工业化转型是工业化发展的一般规律，发达国家和发展中国家在工业化发展到一定阶段之后都要依据技术的变化进行工业化发展的结构调整，从数量规模型工业化向质量型工业化转型。近年来，新一代数字技术的不断进步成为发达国家传统产业改造的推动力。进入21世纪以来，发展中国家为适应新一轮科技革命和产业变革开始进行工业经济结构的调整。工业化初级阶段是数量速度型的，是高级阶段工业化发展的基础，高级阶段的工业化是质量效益型的工业化，是依据新一轮科技革命和产业变革的需要在工业化初级阶段的产业基础上的再开发和再发展。数字经济背景下的工业化是工业化发展的新阶段和新形态，是数字经济与实体经济的结合过程，是数字新质生产力推进的新型工业化，是由比较优势向竞争优势转化的工业化。

在当前数字化背景下，中国的工业进程进入质量型工业化阶段，在这一阶段，数字技术、数据要素、能源、原材料等技术密集型产业将成为推动中国工业化发展的主要动力。以提高工业化质量为目标推动新型工业化，要把高质量发展贯穿新型工业化全过程，以数字经济与工业化的结合形成数字新质生产力，加快传统工业的技术改造、工业结构的调整和工业布局的优化，提高工业化质量，坚持走高质量发展的新型工业化道路，以工业化质量提高形成新质生产力为目标推进新型工业化。一是以创新发展形成数字新质生产力成为推进新型工业化的第一动力。发挥新型举国体制优势，推动实现高水平科技自立自强，强化工业化高水平自主技术要素供给，在新型工业化中推进制造业高端化、数字化、绿色化和融合化发展。把建设制造强国与发展数字经济有机结合起来，推动人工智能、大数据、区块链等数字技术在工业化中的创新应用，扩大智能制造技术的推广应用，提升产业基础能力高级化和产业链现代化水平，推动数字技术与实体经济深度融合、以创新发展形成数字新质生产力成为推进新型工业化的第一动力。二是使协调发展形成数字新质生产力成为推进新型工业化的内生需要。推进战略性新兴产业、支柱产业、传统产业有效协同，实现产业数字化与数字产业化的协调以及数字化与工业化的协调形成数字新质生产力。推动重大生产力的空间布局协调，推动跨区域产业协同和跨区域先进产业集群，促进区域新型工业化的协调发展。完善新型工业化的多维政策协调推进机制，强化数字经济政策和工业化政策的集成创新，使协调发展形成数字新质生产力成为推进新型工业化的内生需要。三是使绿色发展形成数字新质生产力成为推进新型工业化的普遍形态。构建绿色工业化体系，加快工业化发展方式的绿色转型，建设高端智能绿色的先进制造体系，加快绿色低碳产业发展，提升能源资源利用效率，形成数字新质生产力推进工业化绿色生产转型，推动形成绿色低碳的工业化生产方式，探索发展可持续性强的绿色工业化道路。四是使开放发展形成数字新质生产力成为推进新型工业化的必由之路。开放是推动新型工业化的重要力量，以高水平对外开放推动新型工业化，提高先进制造业和战略性新兴产业外资的引入力度，加强先进制造业领域的开放创新，增强制造业供应链的开放性，深度融入全球产业布局，推动制造业向价值链中高端迈进。推动国际科技创新合作，特别是参与数字化、工业化领域的全球产业分工和合作，深化工业领域的国际合作，建设全面开放的工业化体系，形成数字新质生产力，推进新型工业化。五是以共享发展形成数字新质生产力成为推进新型工业化的根本目的。实现共同富裕与新型工业化的有机结合，促进居民收入水平提升，让人民共享新型工业化的成果。不断弥合数字鸿沟，促进数字经济与实体经济深度融合形成数字新质生产力，有效解决新型工业化进程中的收入分配问题，在推进新型工业化进程中实现全体人民共同富裕。

四、以工业化方式的转变形成新质生产力为路径推进新型工业化

新质生产力形成的关键环节是推动生产方式转变，要求推动与新质生产力相适应的生产方式，以新质生产力的形成推动新型工业化，要以工业化方式的转变形成新质生产力为路径推进新型工业化。在数字经济背景下，中国经济发展的转型包括由工业社会向数字化社会的转化，由工业经济形态向数字经济形态的转型。面对新一轮科技革命、产业变革和世界经济发展的新趋势，中国经济转型开始进入发展型式转型的阶段，新型工业化就是发展型式转型的具体表现。因此，

应在数字经济发展和经济转型形成数字新质生产力的背景下，从数字经济推动的经济发展型式转型形成数字新质生产力的角度去理解新型工业化。

第一，世界经济发展中的数字化趋势日益明显。全球数字化浪潮改变了传统工业化的方式，形成了以数字新质生产力为基础的新型工业化，使工业化的动力建立在数字技术和数据要素双轮驱动形成数字新质生产力的基础上。在全球数字化浪潮背景下，随着新一轮科技革命和产业变革的发展，世界经济结构发生调整与转换，全球数字化浪潮对世界工业化产生着深远的影响。目前我国要实现新型工业化不仅要加快工业化的进程，而且要通过数字化、智能化与工业化的结合形成数字新质生产力，提高工业化的现代化水平，以工业化方式的转变形成新质生产力为路径，实现工业化路径的转型，走数字新质生产力推动新型工业化的道路。

第二，全球数字化浪潮给中国工业化发展带来了一系列挑战：一是全球数字化浪潮带来生产力变革的挑战。数字新技术革命以新一代数字技术革命为标志，数字新技术革命形成的数字新质生产力，包括大数据、云计算、区块链和人工智能，这些新数字技术在新的更高的层次上改变了生产力性质，形成了数字新质生产力，促进了向数字化和智能化方向发展的步伐。我国在经济数字化方面走出了很大的步伐，2022年，我国数字经济规模达50.2万亿元，占GDP的比重为41.5%。但从总体上看，我国工业化发展的技术创新能力还很有限，存在一些"卡脖子"技术问题的制约，数字化水平与发达国家相比还有很大的差距，需要进一步加强数字技术的自主创新能力，形成数字新质生产力以推动新型工业化。二是全球数字化浪潮加大了中国工业经济在世界市场上的经济竞争难度。数字经济本质上是技术创新的竞争，在全球数字化浪潮下，技术竞争、创新竞争和市场竞争将更为激烈。而中国作为一个发展中国家，在全球数字化浪潮中，工业化发展依靠的不是传统生产力，而是新质生产力，新质生产力的形成需要加强技术竞争和综合实力的竞争。全球数字化浪潮的深化加大了中国经济在世界市场上的经济竞争难度，面对全球数字化浪潮所带来的挑战，我国经济要在全球数字化浪潮下求生存、谋发展必须实现数字化与工业化的结合，通过数字经济与实体经济的结合形成数字新质生产力推动工业化路径转型，以工业化方式的转变形成新质生产力为路径推动新型工业化。

我国是发展中国家，工业化仍然是经济发展的主题，针对世界经济发展的全球数字化浪潮，新技术革命和产业变革、数字化新趋势以及数字化对我国工业化发展的挑战，我们必须以工业化方式的转变形成新质生产力为路径推动中国工业化发展路径的转型，通过数字化与工业化的结合、数字经济与实体经济的融合形成数字新质生产力，走数字新质生产力推动的新型工业化道路：一是转变工业化发展方式。推动数字技术、数据资源等新型生产要素在工业化中的全面渗透，以数字技术创新突破和应用拓展为主线，形成以数字经济与实体经济融合形成数字新质生产力为关键特征的新型工业化，实现数字经济对新型工业化的全面赋能。同时在遵循市场经济规律和生态经济规律的基础上，把智能制造作为推进新型工业化的着力点，实现工业化数字转型与智能化升级，在绿色化和智能化的结合中推进新型工业化。二是在新型工业化中推动产业结构升级。在新型工业化推进中突出自己的产业优势,通过数字化与工业化的结合形成数字新质生产力,提高产业结构的技术等级,以数字产业化和产业数字化协调为主线实现数字经济与实体经济的深度融合,增大数字新兴产业和数字技术密集型产业的比重。三是大力发展战略性新兴产业,推动形成新质生产力。2023年中央经济工作会议提出,要以科技创新推动产业创新,发展新质生产力。新产业是新质生产力的表现,也是加快形成新质生产力的关键变量之一。在新质生产力的形成中特别要注意发展具有特征性意义和颠覆性意义的战略性新兴产业。推动形成新质生产力发展高科技的领域不能仅限于制造业领域,还要发展数字经济时代具有特征性意义的知识密集的服务部门,推动形成新质生产力。四是超前布局未来产业。未来产业代表新一轮科技革命和产业变革的方向,超前布局未来产业是在新型工业化中打造我国经济增长新引擎,是推动形成新质生产力和建设现代化产业体系的关键,在推进新型工业化中要超前布局未来产业。要以抢抓未来产业发展先机为目标,立足高水平科技自立自强打造未来产业发展的技术策源地,瞄准引领未来的先导性支柱性产业,高质量孵化培育未来产业,优化未来产业发展的时空布局,构建支持未来产业发展的全链条科技生态。五是推进新型工业化的治理创新。治理创新的核心是正确处理政府与市场的关系。在市场方面,大力发展数据要素市场,以高标准市场体系的要求推进数据要素市场的发展,同时促进企业家的成长,大批企业家的形成可以推动市场机制作用的发挥,也才能建立起完善的市场经济体制,为推进新型工业化创造体制条件。在政府方面,加快政府职能从推动行业监管向产业服务职能转变，在推进新型工业化中发布产业转型指导、培育服务主体和平台、研制数字化转型的国家标准，聚焦大数据和新一代人工智能产业等战略前沿，形成数字新质生产力培育数字产业集群，发挥政府对新型工业化的引导作用。深化重点领域改革，支持融合型业态和模式发展，优化数字营商环境，构建支持数字经济与实体经济融合形成数字新质生产力推进新型工业化的体制机制。

（原载《人文杂志》2024年第3期）

涂永红 中国人民大学长江经济带研究院院长，财政金融学院教授

因地制宜发展新质生产力需避免的认知误区

因地制宜发展新质生产力是打造发展新优势、赢得发展主动权的必由之路，集中体现了我国高质量发展的新规律、新趋势。2024年1月31日，习近平总书记在二十届中共中央政治局第十一次集体学习时指出："发展新质生产力是推动高质量发展的内在要求和重要着力点，必须继续做好创新这篇大文章，推动新质生产力加快发展。"2024年3月5日，习近平总书记在参加十四届全国人大二次会议江苏代表团审议时指出："要牢牢把握高质量发展这个首要任务，因地制宜发展新质生产力。""发展新质生产力不是忽视、放弃传统产业，要防止一哄而上、泡沫化，也不要搞一种模式。"习近平总书记关于新质生产力的一系列重要论述，是对马克思主义生产力理论的重要发展，为正确认识和加快发展新质生产力、全面推进中国式现代化提供了理论指导和行动指南。

发展新质生产力要突出创新性、系统性和先进性

坚持科技引领，突出创新性。科技是第一生产力，在人类历史上，每一次重大科技革命都会催生新质态的生产力。因此，要坚持科技创新，培育发展壮大新质生产力的原动力。当前，全球以大数据、人工智能、量子计算为代表的新一轮技术革命日新月异，世界主要经济体纷纷制定高科技发展战略，争取率先取得革命性突破，开辟生产力发展新赛道，赢得国际竞争新优势。我国高度重视科技创新，全社会研究与试验发展（R&D）经费投入与国内生产总值之比达到2.64%，进入创新型国家行列，并在太空探索、深海技术、新能源汽车、锂电池、晶硅光伏等领域取得技术领先优势。但同时，美国构筑"小院高墙"，对我国的技术封锁与遏制不断升级，我国面临的基础研究、电子信息、航空航天、发光材料以及芯片等"卡脖子"技术问题亟待破解。发挥新型举国体制优势，加大科技创新力度，获得更多原创性、颠覆性技术，迈进创新型国家前列，从而厚植高质量发展的技术基础。强化科技创新引领，重点是推动战略性新兴产业融合集群发展，构建新一代信息技术、人工智能、生物技术、新能源、新材料、高端装备、绿色环保等经济增长新引擎。

坚持新发展理念，突出系统性。在新一代技术与数据要素的共同作用下，生产要素重塑蝶变，新业态、新模式、新动力不断涌现，推动人类生产方式、生活方式、发展模式、社会运行和制度体系发生革命性变化。作为符合新发展理念的生产力，新质生产力的发展进程是

创新、协调、绿色、开放、共享的有机统一，具有较强的系统性。创新是发展新质生产力起主导作用的核心要素。在原创性、颠覆性技术不断涌现的基础上，衍生出更多的新业态、新模式、新渠道，将创新成果转化成强大的生产力。协调是新质生产力加速发展的内在要求。发展新质生产力的着力点在于科技、新兴产业及生产领域，但又不仅限于此，还涉及传统产业、教育、金融、社会管理、体制机制等更多维度，要四面八方、上上下下齐心协力共同推动。绿色发展是高质量发展的底色，新质生产力本身就是绿色生产力。改革开放是我国的基本国策，高水平开放是实现高质量发展的必由之路，开放带来更大范围、更高水平的竞争与活力，有利于促进生产要素更高效率配置，关起门来是不可能发展新质生产力的。扩大高水平对外开放，对标国际高标准，推进制度型开放，在加速构建新发展格局中发展新质生产力。共享规定了新质生产力的目的和重要特征，满足人民对美好生活的追求，是发展新质生产力的出发点。习近平总书记指出："生产关系必须与生产力发展要求相适应。"发展新质生产力，要进一步全面深化改革，破除区域之间的制度障碍，建设完善全国统一大市场，发挥超大规模国内市场优势，保障各类先进优质生产要素顺畅流动，促进科技创新收益最大化。健全各类生产要素参与收入分配的机制，调动各行各业劳动者主观能动性，为加快发展新质生产力提供制度保障。

坚持效率优先，突出先进性。各国的资源禀赋、发展阶段、社会制度和生产关系不同，生产要素配置存在差异，形成了质态和发展水平不同的生产力。新质生产力本质上是先进的，依靠创新驱动和生产要素的优化组合与质的跃升,依靠科技进步与数字赋能,在劳动者、劳动资料、劳动对象等投入基本不变的情况下,能够大幅提高产出水平,推动经济实现质的有效提升和量的合理增长。新质生产力的先进性体现为优质和高效,各种生产要素都是优质的,具有显著的高科技、高质量特征。新质生产力以全要素生产率大幅提升作为核心标志,确保在与其他质态的生产力竞争中发展更快、优势更大。鉴于生产资料的技术含量是决定生产力先进性的重要因素,要抓住科技创新、设备改造升级这个关键环节,将人工智能、区块链、大数据、物联网技术广泛融入生产资料,推动科技成果转化,提高机器设备的先进水平,为发展新质生产力创造必要条件。

澄清认识误区,因地制宜发展新质生产力

当前,有的地方对新质生产力存在一定的认识误区,对其丰富内涵、本质特征、发展模式和动力源泉认识不够清晰、把握不够全面,从而在发展新质生产力的实践中可能会出现一哄而上、盲目蛮干的现象。对此,有必要统一思想、澄清认识误区,尽快处理好新兴产业与传统产业、统一标准与因地制宜、生产发展与制度改革之间的关系,避开误区陷阱,少走弯路,加快形成符合各自特征发展特色的新质生产力。

统筹产业发展,既要求"新"也要提"旧"。新质生产力的特点是创新,将创新作为第一动力,激发生产要素活力,培养新型人才,使用新技术、新材料、新工具,构建新网络、新平台,形成发展新模

式和新动力。新质生产力由技术革命性突破、生产要素创新性配置、产业深度转型升级而催生。然而，革故鼎新，不仅包括技术和业态模式层面的创新，还包括管理和制度层面的创新，要处理好新兴产业与传统产业之间的关系。新兴产业和未来产业是创新驱动的产物，具有更高的技术门槛，是培育和发展新质生产力的主阵地，也是抢占未来竞争制高点和构建国家竞争新优势的新赛道。同时也要清醒地认识到，尽管我国是制造大国，拥有全球最完备、最齐全的工业门类，但是根据工业和信息化部发布的数据，目前我国战略性新兴产业增加值占国内生产总值比重仅约13%。推动传统产业升级改造、提升传统产业的竞争力，对我国稳就业、稳增长、稳外贸至关重要。因此，发展新质生产力，建设制造强国，不能忽视、放弃传统产业，更不能简单地"腾笼换鸟""以新汰旧"，而是要致力于提高劳动者、劳动对象和劳动资料等的品质和效能，加入和发展科技、管理、数据等先进优质生产要素，拓展传统产业发展新质生产力的新路径。通过科技创新赋能，强化传统产业的高科技、高效能、高质量特征，使其发展成为新质生产力的重要载体。

因地制宜，既要逐"新"也要务"实"。纵观历史，四次科技革命带来生产力发展动力和模式的巨大变化，在不同的历史阶段促进了生产力提质增效。实际上，生产力发展具有阶段性和局限性，当下的生产力在历史上几乎都曾经是某种程度的"新质"生产力，发展新质生产力并没有一个绝对的、固定的范式和标准。我国各省市人才、产业、资源禀赋优势差异较大，区域发展不平衡，要实事求是、因地制宜，把握好发展新质生产力的重点、路径和节奏。京津冀、长三角、粤港澳大湾区、成渝地区双城经济圈经济基础雄厚、科研力量强大，创新条件和环境好，要强化产教融合，促进科技、产业、金融良性循环，打造国际创新高地，突破关键核心技术，培育产业链龙头企业，构建新兴产业集群和新的增长极。其他地区要充分发挥区位、资源禀赋和特色经济优势，准确把握好点与面、新与旧、稳与进的辩证关系，坚持稳中求进、以进促稳、先立后破的原则，综合考虑人才、产业、资金、管理、制度环境等条件，找准发展新质生产力的主攻方向和突破口，集中力量推动生产要素优化组合，重点抓好传统产业的升级改造工作。

建立新型生产关系，既要抓发展也要抓改革。发展是硬道理，当前存在的各种问题要通过发展来解决。牢牢抓住提高全要素生产率这个核心指标，激励经济主体各尽所能，找准自身发展新质生产力的方向和途径，实现生产要素的创新性配置。根据历史唯物主义基本原理，生产力决定生产关系，生产关系反作用于生产力。要针对新质生产力的堵点和卡点，深化体制机制改革，科学制定和完善生产资料所有制度、分配制度、考核制度，建立符合新质生产力发展规律的新型生产关系，打通束缚新质生产力发展的堵点和卡点，为新质生产力的发展壮大服务，为鼓励创新、促进科技成果转化、优化生产要素组合的跃升营造良好制度环境。改革和完善生产关系的核心是处理好政府和市场的关系，既要通过战略规划、产业政策、绩效考核、标准体系等宏观管理手段，充分发挥有为政府的积极作用，引导资源流向科技创新一线，克服市场失灵顽疾，壮大新质生产力发展的新动能；也要充分发挥市场在资源配置中的决定性作用，加快建设高效规范、公平竞争、充分开放的全国统一大市场，尊重市场规律，推动生产要素按照市场供求关系定价，用市场手段实现资源和生产要素跨行业、跨区域、跨境优化配置，不断提高全要素生产率。

真抓实干，在科技创新、数字赋能、人才引育三个方面重点着力

提高创新能力，培育壮大新动能。一方面，以科技创新主导新质生产力发展。习近平总书记指出："科技创新能够催生新产业、新模式、新动能，是发展新质生产力的核心要素。"创新是第一动力，自实施创新驱动发展战略以来，我国科技创新取得了历史性成就。2023年9月，世界知识产权组织发布的《2023年全球创新指数》报告显示，我国是前30名中唯一的中等收入经济体，排名第12位，在全球五大科技集群中占据三席，我国研发人员总量、研发经费投入、发明专利等都居世界前列，科技实力从量的积累迈向质的飞跃。但也要看到，我国科技创新存在大而不强的问题，制约新质生产力发展的科技瓶颈和短板仍然存在，集中表现为重大原创性成果缺乏、底层基础技术和工艺能力不足等。抓住提高科技创新能力这个"牛鼻子"，站在全球科技创新前沿，开放包容，善用全球科技创新资源，加强国际科技交流合作，进一步深化原始创新和集成创新，努力创造更多"从0到1"的原创性成果。以前沿技术领域的颠覆式、突破式创新为导向，超前部署、全面开展前瞻性、先导性和探索性的前沿技术研究，大力支持产业应用研究，打好工业软件、高端芯片等重点产业与战略性新

兴产业领域的关键核心技术攻坚战，统筹推进产业基础再造工程和重大技术装备攻关工程，推进绿色低碳技术创新与应用，协同构建产业科技创新体系和多元清洁能源供应体系，形成一批具有自主知识产权和规模化应用前景的科技成果，不断提升制造业底层技术、关键核心技术自主供给能力和核心竞争力。积极发挥金融的"加速器"作用，引导创新要素向企业集聚，强化企业自主创新意识和能力，强化科技创新对产业转型升级的驱动作用，推动更多科技成果转化为现实生产力。

另一方面，加大体制创新力度，护航新质生产力发展。深化科技体制改革，破除影响新质生产力发展的体制机制障碍，大幅提升全要素生产率。加快完善新型举国体制，发挥我国集中力量办大事的制度优势与超大规模市场优势，聚焦经济建设和事关国家发展与安全的重大科技问题，集成政府和私人部门资源，建立共同攻克重大科技难题的组织模式和运行机制。在充分发挥国家战略导向作用的同时，形成以企业为主体的创新生态系统。加大对基础研究的财政支持力度，通过税收优惠、支持设立科学基金等多种方式鼓励社会资本加大对基础研究的投入力度，健全支持原始创新的体制机制。优化科技资源配置，构建由国家实验室、高水平科研院所、高校和创新型领军企业高效协同的科技创新体系，促进产学研用深度融合，提升跨领域、跨学科协同攻关能力，同时加快推动产业链上下游、大中小企业融通创新，形成利益共享、风险共担的合作机制。健全知识产权法律法规体系，扩大赋予科研人员职务科技成果所有权或长期使用权试点范围和成果类型，激励高等院校和科研机构转化科技成果，为新质生产力的可持续发展提供技术支撑。

加强数字赋能，助力塑造新优势。一方面，以数字赋能加快构建现代化产业体系。我国是全世界唯一拥有联合国产业分类中全部工业门类的国家，220多种工业产品产量居世界首位。但是，我国产业科技含金量还不够高，仍处在全球价值链中低端。加快经济数字化转型，通过数字赋能推动新质生产力发展，补齐产业发展短板弱项，加快高端化、智能化、绿色化发展进程，构建现代化产业体系，是我国赢得未来国际竞争力和形成领先优势的关键。各地区、各部门、各行业要立足自身特点和禀赋条件，找准发展新质生产力的方向和路径，大力发展数字经济，推动大数据、人工智能技术与新兴产业、特色经济的深度融合，前瞻性部署元宇宙、量子信息、脑机接口等未来产业，加速推进新技术新产品落地应用，厚植发展新优势，形成各具特色、错位发展的最优化产业布局。充分利用现代数字信息技术、人工智能技术等对传统制造业进行全系统、全角度、全链条改造，重点发展智能制造、绿色制造，促进制造业数字化、智能化、绿色化发展，积极建设"数字工厂""未来工厂"，拓展多元化应用场景，强链补链，推进数字产业链现代化，打造具有国际竞争力的数字产业集群，以强大的数据渗透和创新能力助推新质生产力加快发展。

另一方面，加快新型基础设施建设和强化要素保障。发挥数字赋能的杠杆作用，前提是建设数量充足、功能强大的新型基础设施。聚焦新一代信息技术产业等重点产业领域，大力推进以5G、工业互联网为代表的新型基础设施建设，协同布局算据、算力、算法，培育产业互联网平台，实现网络贯通、万物互联，有效促进数据资源和数据要素高效流通，放大新型基础设施乘数效应，切实提升数字生产力。数据要素是数字经济深化发展的核心引擎，加快培育数据要素市场，建立健全数据安全、权利保护、跨境传输管理、交易流通、开放共享、安全认证等基础制度和标准规范，加强统筹规划打破数据壁垒，整合多类别数据交易平台、多样化数据交易模式，健全数据赋能的体制机制。将数据变成主要的生产要素，促进数据深度融入劳动资料和劳动对象，充分发挥其独有的低边际成本、强渗透性和融合性作用，推动传统生产要素重新组合，为生产力发展模式、路径和动力创新提供实现平台和有效手段。

厚植人才沃土，着力夯实新根基。人才是第一资源，发展新质生产力首先要打造强大的新型劳动者队伍。加强科技创新人才的引育力度，完善人才培养、引进、使用、合理流动的工作机制，探索建立差异化、长周期、多元化的专业人才评价体系，面向全球引育院士、战略科学家、院士后备人才等高端稀缺人才，打造一流科技领军人才和创新团队。优化高等学校学科设置和人才培养模式，以新质生产力对人才市场需求总量和结构的变化要求为目标导向，建立学科专业结构优化动态调整机制，打破路径依赖和学科壁垒，探索培养学科交叉融合的复合型人才。根据战略性新兴产业和未来产业发展需要，推进现代信息技术与文理农医等学科深度融合，同时深化高校、职业院校和企业之间的合作，打通科研创新、科技成果转化、产业创新的"接口"，推进部分普通本科高校向应用型转变，培养能够熟练掌握先进生产资料的应用型人才。深化改革分配制度，健全要素参与收入分配机制，更好体现知识、技术、人才的市场价值。根据知识、技术、管理、资本和数据等生产要素的贡献建立科学考核机制，充分体现人才是第一资源的价值，激发生产要素活力，促进生产要素的优化配置，为发展新质生产力筑牢人才基石。

（原载《人民论坛》2024年第6期）

第 四 篇

以发展新质生产力推进中国式现代化建设

程恩富	中国社会科学院学部委员，南开大学·中国社会科学院大学 21 世纪马克思主义研究院马克思主义政治经济学研究中心主任
陈 健	东华大学马克思主义学院副教授 中国社会科学院马克思主义研究院高级访问学者

大力发展新质生产力
加速推进中国式现代化

一、引言

2023 年 9 月 7 日，习近平总书记在主持召开新时代推动东北全面振兴座谈会上指出："积极培育新能源、新材料、先进制造、电子信息等战略性新兴产业，积极培育未来产业，加快形成新质生产力，增强发展新动能。"2023 年 9 月 8 日，习近平总书记在听取黑龙江省委、省政府的工作汇报时，再一次强调要加快形成新质生产力。可见，新时代新征程大力发展新质生产力，已经成为推进中国式现代化走深走好、推动高质量发展主题的关键性战略举措。

习近平总书记之所以如此重视发展新质生产力，一方面，发展新质生产力能够统筹好安全和发展的关系，提升我国产业在全球价值链中的位置，培育发展新动能，建立安全可控的现代化产业体系，摆脱在关键核心技术上受制于人的问题，赢得在国际竞争中的战略主动；另一方面，发展新质生产力也是马克思主义政党的庄严使命。中国共产党是先进生产力发展要求的代表者，这就决定了中国共产党必然会大力发展新质生产力，强调以科技创新促进各类产业和整个国民经济的发展。譬如，早在1958年，我国第一台电子管计算机试制成功，随后半导体三极管、二极管以及两弹一星一艇（核潜艇）等相继研制成功，尤其是近年来我国在高铁技术、5G、6G、航天航空航海等技术领域实现了重大突破，走在世界前列，这表明新中国成立以来，中国共产党人一直非常重视科技创新在推动生产力发展中的作用。在新时代新征程，面对美西方国家加大技术霸权和封锁，以习近平同志为核心的党中央更加强调科技创新在促进生产力发展中的作用。

同时，发展新质生产力是实现人民物质和精神共同富裕的必然举措。党的二十大报告在论述中国式现代化的主要特色时强调中国式现代化是全体人民共同富裕的现代化，而全体人民共同富裕不仅包括物质富裕，也包括精神富裕，这种物质和精神的富裕要想更好地实现，也离不开新科技、新业态为代表的新质生产力的大力发展，生产出满足人民物质和精神需要的高质量产品。因此，新时代新征程以新质生产力发展推动中国式现代化走深走好意义重大，学术界有必要进行相关研究，为更好地发展新质生产力、加速推进中国式现代化提供理论支撑和政策建议。

二、习近平总书记关于新质生产力重要论述的思想溯源

习近平总书记关于新质生产力的重要论述具有丰富的思想渊源，是对马克思主义科技生产力理论的继承与发展，其思想渊源主要表现在如下方面。

（一）对马克思、恩格斯科技生产力理论的继承与发展

马克思、恩格斯的论著中多次强调科技生产力发展对生产、生活和增进人类福祉方面的巨大作用，形成了内涵丰富的马克思、恩格斯科技生产力理论。一是马克思、恩格斯强调科学技术属于生产力的重要组成部分。马克思指出，"生产力中也包括科学技术"。基于对马克思主义经典作家这一论述继承与发展，习近平总书记提出要加快形成新质生产力，通过发挥科技创新在生产力中的主导作用，实现经济发展的高效能、高质量。二是马克思、恩格斯强调科技工业的发展带来了生产和生活方式的变革。恩格斯在对英国工人阶级的状况进行考察时，对于机器大工业等先进科技对生产方式和生活方式带来的变革是持肯定态度的。他指出："印花业由于机械方面的一系列极其辉煌的发明，又有了新的高涨；由于这种高涨以及棉纺织业的发展引起的这类营业部门的扩大，这些行业空前地繁荣起来了。"可见，将新科技、新技术融入传统产业之中，不仅能够促进传统产业优化升级，实现规模化发展，也能带来商业等其他部门的发展，因而在新时代新征程，我们要大力发展新质生产力，以新质生产力的发展促进美好生活的实

现和各行业的复兴与繁荣。三是马克思、恩格斯强调科技革命的意义。马克思、恩格斯指出："工业革命对英国的意义，就像政治革命对法国，哲学革命对德国一样。"恩格斯写道："在马克思看来，科学是一种在历史上起推动作用的、革命的力量。"马克思主义经典作家对于新科技的重大意义是持肯定态度的，而习近平总书记所强调的新质生产力，就是代表新科技革命发展趋势的高质量生产力，因此，其对于中国全面建成社会主义现代化强国意义重大。四是马克思、恩格斯强调科学技术的应用不仅可以提高生产效率，还能造福人类。如恩格斯在《德法年鉴》中指出："科学又日益使自然力受人类支配，这种无法估量的生产能力，一旦被自觉地运用并为大众造福，人类肩负的劳动就会很快地减少到最低限度。"在马克思主义看来，科学技术本身不具有阶级性，关键看科学技术是由哪个阶级来主导，而习近平总书记强调包括科技在内的一切工作都要"以人民为中心""必须以满足人民日益增长的美好生活需要为出发点和落脚点，把发展成果不断转化为生活品质，不断增强人民群众的获得感、幸福感、安全感"。这就丰富和发展了马克思主义关于科技造福人类的思想。

由此也可以看出，如果是坚持以劳动人民为中心的无产阶级来主导，必然会用科学技术为本国人民和整个人类造福，而如果是以私人资本为中心的资产阶级主导，则必然会运用科技实施对内对外的剥削和财富掠夺，实施科技和经济的国际霸权行径。这就是为何今天美国等西方国家新科技发展并没有使广大劳动人民的实际收入和财富获得应有的增长，反而凭借科技领域的先发优势推行科技霸权，阻碍广大发展中国家和地区发展经济和提升民生福祉；而我国在中国共产党领导下不仅坚持科技发展造福本国人民，还坚持与世界各国共享科技成果和科技现代化带来的红利，在与其他国家科技合作中坚持互利共赢原则，共同推进科技发展。

要言之，马克思主义经典作家科技生产力思想蕴含着要发挥新科技、新技术等先进生产力对生产效率提升、增进人类福祉等的作用，习近平总书记关于新质生产力的重要论述是对马克思主义经典作家生产力理论的继承与发展。

（二）对中国化马克思主义科技生产力理论的继承与发展

新中国成立以来，以毛泽东同志、邓小平同志、江泽民同志、胡锦涛同志为主要代表的中国共产党人在继承马克思主义经典作家科技生产力理论的基础上，不断推进理论与实践创新，形成了内涵丰富的中国化马克思主义科技生产力理论。

新中国成立初期，为了摆脱1840年鸦片战争以来"三座大山"压迫造成的贫穷落后困局，毛泽东高度重视科技生产力发展，多次强调要重视科技创新，采用先进技术，并把科学技术提高到战略高度予以重视。他指出："科学技术这一仗，一定要打，而且必须打好。""资本主义各国，苏联，都是靠采用最先进的技术，来赶上最先进的国家，我国也要这样。"同时，为了更好地推进科学技术现代化、促进经济社会发展、巩固新生的人民政权，以毛泽东同志为主要代表的中国共产党人还提出了"向科学进军"的口号，动员社会各界大力发展科学技术。正是由于对科学技术的高度重视，这一时期我国尽管遭到帝国主义国家的全面经济技术封锁，但科学技术在很多方面还是有重大突破（当然与苏联的大力经济建设援助密切相关），有力促进了生产力的发展，为实行改革开放奠定了坚实基础、提供了自立自强的保障。

改革开放后，以邓小平同志为主要代表的中国共产党人也非常重视科技生产力的发展，不断推动理论与实践创新，丰富和发展了中国化马克思主义科技生产力理论。邓小平不仅强调科学技术是第一生产力，还对科学技术如何发展进行了论述，指出："现代科学为生产技术的进步开辟道路，决定它的发展方向。许多新的生产工具新的工艺，首先在科学实验室里被创造出来。"他强调要进行科技体制改革，提出科技事业的发展，"要搞统一规划。规划中，不单是确定研究项目，对研究机构的调整，哪些该合，哪些该分，也都要考虑"。他还强调通过实施教育优先发展战略为科技的发展提供人才支撑，指出："一个十亿人口的大国，教育搞上去了，人才资源的巨大优势是任何国家比不了的。"他强调要加强科技交流合作，积极学习和借鉴国外先进科学技术："科学技术是人类共同创造的财富。任何一个民族，一个国家，都需要学习别的民族、别的国家的长处，学习人家的先进科学技术。"

以江泽民同志为主要代表的中国共产党人在实践中不断推进马克思主义科技生产力理论。江泽民将科学技术对生产力的作用提高到新的高度予以重视，提出，"大力推动科技进步和创新，不断用先进科技改造和提高国民经济，努力实现我国生产力发展的跨越。这是我们党代表中国先进生产力发展要求必须履行的重要职责"。在坚持科学技术是第一生产力的基础上，他进一步指出："科学技术是先进生产力的集中体现和主要标志。"这一时期，江泽民代表党中央在党的十五大上将科教兴国战略提升到新高度，作为国家重大发展战略，并且成立由国务院总理担任负责人的国家科技教育领导小组，还注重通过法律法规的建立和完善，促进科技生产力的发展。如制定了《中华人民共和国科学技术进步法》等法律法规。

进入新世纪新阶段，以胡锦涛同志为主要代表的中国共产党人，继承和发展了马克思主义科技生产力理论，为推动科技生产力发展提供了重要思想指导。胡锦涛在继承邓小平提出的科学技术是第一生产力的基础上，将科学技术在经济社会发展中的地位提高到新高度，他指出："科学技术是第一生产力，是推动人类文明进步的革命力量。"这一时期以胡锦涛同志为主要代表的中国共产党人高度重视科技自主创新、科技体制改革、发展创新文化、创新型科技人才培养、生态环境保护技术的发展等的重要性。他指出："提高自主创新能力，建设创新型国家。这是国家发展战略的核心，是提高综合国力的关键。""要坚持有所为有所不为的方针，选择事关我国经济社会发展、国家安全、人民生命健康和生态环境全局的若干领域，重点突破，努力在关键领域和若干技术发展前沿掌握核心技术，拥有一批自主知识产权。"在党的十七大报告中，胡锦涛把建立创新型国家作为经济建设若干重大举措之首。

要言之，马克思主义经典作家和历届中央领导集体关于推动科技生产力发展的理论，丰富和发展了马克思主义及其中国化的科技生产力理论，为习近平总书记关于新质生产力的论述提供了重要思想渊源。

三、习近平总书记关于新质生产力重要论述的内涵特征

习近平总书记关于新质生产力的论述,是习近平新时代中国特色社会主义思想的重要组成部分,其是在继承马克思主义科技生产力理论的基础上,结合新时代新特点,主动契合推动高质量发展主题,而进行的理论创新。之所以说新质生产力是适应新时代新征程高质量发展主题的关键,主要在于它是生产力的一种跃迁式发展,是一种强调科技创新在其中发挥主导性作用的生产力,其发展具有显著的高效率、高质量的特点,这就与新时代新征程高质量发展主题相契合,是对传统粗放型发展路径的一种超越,强调发挥创新在推动经济社会发展中的作用,注重新产业新业态的培育和发展,形成新产业新业态为主导的现代化产业体系,积极推动各类产业优化升级,采用人工智能、大数据等新技术,推动高质量发展。其内涵特征主要表现如下。

(一)凸显中国式现代化关于实现高质量发展的本质要求

党的二十大报告将高质量发展作为全面建设社会主义现代化国家的首要任务,这就赋予了新时代新征程党和国家推动高质量发展的重要使命,而发展新质生产力的提出,便是对推动高质量发展主题的积极回应。具体来讲:其一,新质生产力是强调发挥新科技重要作用的生产力,这种生产力必然需要高素质的科技人才、高水平的研发机构和生产机构、高质量的生产资料等,这就必然倒逼各高校、科研院所、生产性企业等供给高水平科技人才、研发高科技产品、生产高质

量产品等，这些就必然使得生产和再生产各环节实施好高质量发展。其二，新质生产力强调发挥新产业新业态的主导作用，是经济高质量发展的主攻方向。新产业新业态主要包括世界一流芯片、人工智能、世界一流机器人技术、5G和6G移动通信技术和设备等具有较高科技含量的产业，这类产业如能在产业体系中发挥主导作用，必将更好地推动高质量发展。因此，其发展具有鲜明的高质量发展的导向性。其三，新质生产力强调对传统产业的升级改造。要想更好地推动新质生产力发展，不仅要发展好新产业，还应采用新科技、新技术加快对传统产业的改造升级，才能形成新质生产力发展的合力，促进传统产业的智能化和高质量发展。

（二）凸显中国式现代化关于实现全体人民共同富裕的本质要求

党的二十大报告明确强调中国式现代化是全体人民共同富裕的现代化，而新质生产力的发展能够凸显中国式现代化这一本质要求，促进发展成果由人民共享。其一，新质生产力的发展能够为共同富裕而有效提升整个产业体系的生产效率。以大数据、人工智能、高端芯片等为主要代表的新产业的快速发展，既能形成新产业高端发展产业链，不断提升新产业在整个产业体系中的主导作用和生产效率，而且大数据、区块链等新技术在发展中对于传统产业的改造升级作用明显，尤其是随着新一代数字化技术推动的第四次科技革命的来临，数字化有力促进了其他新科技的发展，如促进了大数据、云计算和物联网等的发展，从而形成了新科技促进传统产业改造升级的合力，如此也必然会从整体上提升生产效率，为夯实促进共同富裕的物质基础助力。其二，新质生产力的发展能够为共享共富创造新平台、提供新保障。新技术、新产业的发展，不仅创造更多就业创业机会，也为不同区域公平地共享各种信息资源、商业资源等提供了平台保障，平台经济也可以借助大力发展新质生产力的契机，实现巨大发展。其三，新质生产力的发展也能为城乡之间、区域之间资源合理布局和优化、破解发展不平衡不充分问题提供新契机。对于农村地区、中西部地区也可以借助新质生产力的发展，补齐利用各种优质资源不足的短板。

简言之，新质生产力的发展具有凸显中国式现代化关于实现全体人民共同富裕的本质要求的内涵特征，是实现美好生活和智慧社会的物质技术基础。

四、积极发展新质生产力，加速推动中国式现代化建设

新时代新征程，必须通过大力发展新质生产力，才能加速推动中国式现代化建设。

（一）加大顶层布局力度，为发展新质生产力提供宏观指导

纵观新中国成立以来 70 余年的经济发展史可知，经济领域取得的巨大成就与良好的顶层设计是分不开的，因此，新质生产力要想更好地推进，必须加快相关顶层设计，提供宏观指导。

一是从中央层面成立由国家领导同志担任负责人的新质生产力推进机构，专门负责进行新质生产力发展的顶层设计及对各地方政府发展新质生产力的情况进行督察落实。具体来讲，一方面，在相关机构

的建立上，应建立由国务院相关职能部门负责人参与的新质生产力相关推进领导小组，国务院相关分管领导，担任组长，专门负责统筹推进相关顶层设计规划、政策制定、督察考核等工作，明确各相关部门的相关职责，如政策制定、督察考核由哪些部门负责，应进行明确，并制定详细的督察考核体系，同时，对于各地方新质生产力发展的考核督察等应和第三方评估相结合，形成官方督察和第三方评估协调联动的考核评估体系，从而确保考核评估的科学性、精准性。另一方面，领导小组还应建立常态化的调研机制，为进行相关顶层设计提供依据，确保进行的顶层设计能够接地气，提升政策制定和宏观布局的精准性。

二是加快出台相关鼓励性支持和引导政策，助力形成鼓励发展新质生产力的氛围。如对于发展新质生产力的企业等市场主体给予何种奖励性支持政策，应通过政策的设计予以明确；同时制订鼓励性引导政策，如通过税收、贷款、财政资金等倾斜性支持政策，促进新质生产力发展，以及鼓励性支持和引导政策应建立精准的企业分类范围，对于哪种类型的企业进行鼓励和支持应进行明确；另外还要通过有效的政策制度设计，防止鼓励和支持新质生产力发展的政策、资金等被挪作他用。

三是确定若干个新质生产力发展示范区，发挥对全国新质生产力发展的示范引领作用。如对于科技基础优势比较突出、具有发展新质生产力广阔前景的地方，从中央层面确立为全国新质生产力发展示范区和国家级新质生产力发展创新园区，为示范区提供倾斜性的支持政策，促进新质生产力发展。

四是从中央层面建立若干个世界一流的大数据、人工智能、云计算、高端芯片等新技术国际科技创新中心，为支撑新产业和传统产业转型升级发展提供可持续的科技基础支撑。具体来讲，一方面，应鼓励各地方主动申请建设国际世界一流的国际科技创新中心的任务，采取"揭榜挂帅"等方式推进此项工作，明确目标责任状，确保能够在关键核心技术方面有所突破；另一方面，从中央层面赋予一些科技基础好、具有重大科技创新潜力的省市、地区建设国际科技创新中心的任务，但是，也同样需要严格考核，明确在一定时间实现相关关键核心技术突破。

五是从中央层面布局好战略性新兴产业和未来产业，防止一哄而上，造成资源浪费，项目重复建设等问题。当前中央层面应做好相关顶层设计规划，发挥好有为政府的作用，对于一些项目的审批等应进行科学合理的评估，对于各地方应做好相关指导，同时发挥市场和政府的双重资源配置和经济调节作用，减少资源浪费和项目重复建设等问题。

通过以上顶层设计，推动形成新产业为主体、传统产业转型升级为方向的现代化产业体系，为加速推动中国式现代化建设提供宏观指导。

（二）大力发展新产业，形成新产业为主导的现代化产业体系

新产业是新质生产力的主要支撑，是高质量发展的重要体现，基于此，必须通过切实举措加快促进新产业的发展，形成新产业为主导的现代化产业体系，助力新质生产力大发展、大繁荣。

一是充分发挥科技创新对于新产业发展的支撑和引擎作用。要想形成新产业为主导的现代化产业体系，必须进行大数据、云计算、物联网等新科技的技术创新，形成向纵深推进的新产业体系，实现新科技的产业化、全覆盖，尤其是要加大新产业在中西部地区、农村地区的布局力度，如此，不仅可以助力形成新产业在国家整个产业体系中的主导地位，还有利于发挥好其对城乡一体化发展、区域协调发展的作用，从而为促进全体人民共同富裕目标的实现助力，彰显中国式现代化关于实现全体人民共同富裕的本质要求，促进科技向善。

二是将新产业发展与国家重大战略的实施进行有机结合，从而确保新产业能够在国家重大战略的布局和推进中获得稳步推进。国家为了推进重大战略稳步实施，投入了大量的人力、物力和财力，并出台了系列支持性政策，新质生产力如果能够与这些重大战略进行对接，必将助力新质生产力更快、更稳发展，如新质生产力可以借助国家构建西部大开发新格局、中部崛起战略、区域协调发展战略、乡村振兴战略、长三角一体化发展战略、京津冀协同发展战略、新基建等国家重大战略部署带来的政策、资金、人才等方面的优势，促进新质生产力发展。

三是深入实施人才强国战略，通过高校、科研院所等平台，加快新产业所需人才的培养，建立强大的人才供给体系。新时代新征程，要想以中国式现代化全面推进中华民族伟大复兴，必须通过切实举措，深入实施好人才强国战略，加快培育新质生产力发展所需的人才，为建设好中国式现代化助力。其一，各高校、科研院所应加快建立新质生产力发展相关专业的本硕博人才培养体系，高标准、高水平进行相关人才培养，为新质生产力发展提供可持续的人才保障。如设立新能源专业的本硕博专业等。其二，各高校、科研院所应对标高水平科技自立自强目标任务，注重新质生产力相关专业人才培养的创新意识培育，形成有利于创新的本硕博培养体系，摆脱传统的唯分数、唯论文等单项学业考评体系，形成多维度的人才培养体系，从而助力学生创新意识的培育，进而精准培养出新质生产力发展所需的人才。其三，各高校、科研院所应积极和企业进行合作性人才培养，不仅开展冠名班等本科人才培养，还开展联合培养硕士、博士，共建博士后流动站等，从而培养出能够满足新质生产力发展所需的真正人才。其四，充分利用中国强大的继续教育、中职、高职体系，发挥这些教育资源在培养新质生产力发展所需的高级技术工人方面的作用。通过以上举措，为新质生产力发展提供可持续的人才保障。

四是以"一带一路"高质量发展为契机，积极拓宽中国新产业的海外布局。形成国内布局与国外布局的协调联动，在拓展中国新产业发展空间中促进中国新产业做大做强。2023年是"一带一路"倡议提出10周年，"一带一路"经过10年的建设，有力地促进了世界经济的发展和"一带一路"沿线国家民生福祉的提升，这将为新质生产力发展空间的拓展提供新契机。正如习近平主席在第三届"一带一路"国际合作高峰论坛开幕式上的主旨演讲指出："10年来，我们致力于构建以经济走廊为引领，以大通道和信息高速公路为骨架，以铁路、公路、机场、港口、管网为依托，涵盖陆、海、天、网的全球互联互通网络，有效促进了各国商品、资金、技术、人员的大流通，推动绵亘千年的古丝绸之路在新时代焕发新活力。"新时代新征程要想更好地推进"一带一路"高质量发展，必须以"一带一路"建设"创新之路"的契机，积极在"一带一路"中布局中国新产业，如此，不仅能为沿线各国提供高质量产品和服务，也能提升中国新产业的国际竞争力。同时，为了更好地推进中国新产业在"一带一路"沿线的投资布局，还应创新投资方式，如可以采用与当地合资、合作等方式进行，如此，可以与当地政府、企业等主体形成利益共同体，确保企业能够在投资、运营等各个环节顺利推进，为中国新产业做大做强提供空间保障。

五是对标构建新发展格局的目标任务，加快推进新产业发展。一方面，构建新发展格局的本质特征是实现高水平自立自强，而实现高水平自立自强很显然也包括实现高水平科技自立自强。因此，应对标构建新发展格局关于实现科技自立自强的本质特征，加快对大数据、人工智能、高端芯片、航空航天、5G 和 6G 技术等关键核心技术的攻关力度，建立突破世界一流技术短板的重大攻关机制，促进科技自立自强，破解西方大国的技术"卡脖子"问题，提升新产业的国际竞争力。另一方面，发挥新技术为代表的新产业在畅通国内大市场、联通国内国际市场中的作用。如充分发挥 5G 和 6G 等新基建在互联互通建设中的作用，而且新基建目前在互联互通方面具有巨大的发展空间，因为目前城乡之间、区域之间在新基建方面还存在一定差距，如农村、中西部地区与东部沿海地区的新基建水平还存在差距，这就为在农村、中西部地区进行新基建布局提供了广阔的发展空间，等等。通过以上举措，形成新产业为主导的现代化产业体系。

（三）加大传统产业的转型升级发展，拓宽新质生产力的发展空间

经过新中国成立以来 70 余年的发展，我国已经建立了门类齐全的产业体系，在这些产业中传统产业还占有较大比重，而且传统产业的发展对于新产业发展也具有重要支撑作用，新产业发展所需的原材料、零部件等也需要传统产业高质量供给。因此，应加快路径举措创新推进这些传统产业向高效率、高质量方向发展，凸显新质生产力的特色，成为新质生产力的重要组成部分。

一是加快新技术、新科技与传统制造业的深度融合发展。我国传统制造业大都是国有企业，如中国一汽等企业，其发展是解决就业的主要力量，也是巩固我国国有经济主导作用的主要力量，更是实现共同富裕的根本力量，其发展好意义重大。因此，必须通过切实举措使其能够更好地适应高质量发展主题，提升全球竞争力，这就需要发挥其主动迎接第四次科技革命带来的新契机，加快融合新技术、新科技，从而提升发展效能，凸显高质量、高效率性，如对于传统制造业应加快推进智慧制造、智能制造建设，不仅在生产环节融入新技术新科技，在管理、流通等环节也应采用新技术新科技，实现生产、流通等各环节的智能化、高效化，从而使得传统制造业实现系统全面转型高质量发展，进而提升我国传统制造业的国际竞争力。

二是加快对高耗能、效率低的传统产业进行改造升级，促进其向高质量方向发展。我国高耗能、效率低的传统产业改造好对于经济发展、民生保障都具有重要意义，因此，必须通过切实举措，促进其转

型升级发展，如采用新技术、新设备加快对高耗能、效率低的传统产业进行改造升级；注重新投资的传统产业的质量，严把质量关，使其在前期投资源头上就注重高质量性，能够采用新技术、新设备提升企业发展效能；对于高污染、低效能，且没有改造价值的传统产业应实施关停或整体转型，但在这一过程中不能一关了之，应采用新技术、新科技在原有的厂房、设备等基础上发展创新创意等新产业，如一些高污染、低效能的小型钢铁厂、化工厂等在进行关停的同时，融入新科技等元素，改造成新产业，这既可以减少资源浪费，又能够为经济高质量发展注入新的创新元素，开辟新质生产力发展新空间。

三是加快利用新技术、新科技促进传统产业向高端化、高效能、高质量的集群化方向发展，打造具有世界竞争力和影响力的一流现代化产业集群。要想提升产业发展水平，为中国式现代化建设提供可持续性产业支撑，必须打造世界级现代化产业集群，形成发展现代产业的合力。具体来讲，一方面，应加快新技术、新科技对于传统产业集群化高质量发展的支撑力度，形成万物互联的现代化产业体系，形成利益互联、联合攻关重大科技创新的产业发展共同体；另一方面，对标世界前沿科技发展水平，加快研发力度，形成世界前沿科技支撑传统产业高端化、高效能、智能化发展的现代化科技创新体系。

四是切实发挥科技创新对于实体经济类等传统产业的支撑性、引领性作用。实体经济是国民经济的根基，这也是我们党一直非常重视实体经济的原因，多次强调要促进实体经济发展，防止金融体系和实体经济"脱实向虚"。美国等西方国家发展教训表明，虚拟经济过旺，容易造成经济危机等系列经济和社会问题，因此，必须通过切实举措，促进实体经济等传统产业的高质量发展。具体来讲，就是要发挥科技创新、科技自立自强在促进实体经济高质量发展中的作用。一方面，加快实体经济等传统产业的科技创新能力的提升，提升其产品附加值和影响力；另一方面，还应对实体经济等传统产业实施整体性技术改造，通过科技创新赋能实体经济等传统产业高质量发展。

五是建立有利于在利用新科技、新成果改造传统产业中培育新产业的发展体系。新产业的发展不仅对于高质量发展意义重大，也对于满足人民美好生活需要具有重要意义。而新产业不仅产生于新投资、新布局之中，也产生于对传统产业进行改造升级中，通过采用新科技、新成果对传统产业进行改造升级也会催生新能源汽车、新医药、新材料等新产业，应充分利用好这一契机，在改造传统产业中，催生新产业新业态的发展。通过以上举措，促进传统产业转型升级发展，拓宽新质生产力发展空间。

（四）充分发挥知识产权优势，筑牢新质生产力发展的根基

要想赢得在国际发展中的战略主动权，必须发挥知识产权优势。所谓知识产权优势，是一种超越了传统竞争优势和比较优势的第三种经济优势，这种经济优势强调和突出自主知识产权的重要性，这种优势不仅要体现在我国高新技术产业、战略性产业部门，还应体现在我国传统产业、中低端产业部门，其实质都需要掌握具有自主研发和自主知识产权的核心技术，实现高水平科技自立自强，并培育具有自主知识产权的国际知名品牌，这对于新质生产力的发展意义重大。基于此，拟提出如下举措，以充分发挥知识产权优势，筑牢新质生产力发

展的根基。

第一，牢固树立全社会知识产权保护意识，统筹好发展和安全问题，为新质生产力发展保驾护航。当今世界，各国之间的竞争日益复杂，知识产权的竞争已经成为各国竞争的重要方面，这种竞争随着第四次科技革命的来临，显得更为激烈，西方发达国家凭借在知识产权领域的优势，在世界交往中获得更大利益，甚至实施技术霸权主义等，造成了南北国家发展差距日益加大。因此，要想提升广大发展中国家和地区的地位，促进全球化向包容普惠方向发展，广大发展中国家和地区必须树立知识产权保护意识，但是长期以来，广大发展中国家和地区在知识产权保护方面还存在意识不强、重视程度不够等问题，这一问题的存在，使得广大发展中国家和地区在全球产业价值链体系中长期处于中低端位置，中国作为世界最大的发展中国家，理应通过切实举措做好表率，发挥对广大发展中国家和地区进行知识产权保护的示范引领作用。其一，通过宣传教育，使得各类企业、高校科研院所树立知识产权保护意识，对于发明创造应主动申请专利。其二，对于商标等应主动注册各种类型商标，牢固树立商标意识。像索尼等跨国公司拥有的注册商标的数量高达上万件，这也是索尼公司自1946年成立至今，能够从一家不起眼的小公司迅速发展壮大，成为国际知名跨国公司的重要原因之一。因此，我国企业在发展中应积极学习借鉴国际知名跨国公司经验，加快在商标注册领域的布局，抢占商标注册先机，树立商标战略意识。其三，国家相关部门也应进行知识产权保护领域法律法规的完善，为我国各类企业、高校科研院所、个人等进行专利申请等知识产权保护提供制度依据，同时相关执法部门应做好知识产权保护的督察工作，确保知识产权保护能够落到实处，营造一种知识产权保护的浓郁氛围。其四，还应打造具有自主知识产权的国际标准体系，助力中国标准走出去。如此，不仅对于提升中国话语权和影响力意义重大，也有利于维护好广大发展中国家和地区利益，促进全球化向代表人类整体利益的方向发展。如可以通过"一带一路"建设将中国标准在"一带一路"沿线先行先试，赢得广大发展中国家和地区认可后，让沿线广大发展中国家和地区得到切实的实惠后，再向全球推进。通过以上举措，在全社会营造一种知识产权保护意识，统筹好发展和安全问题，助力新质生产力发展。

第二，深入实施高水平科技自立自强，掌握具有自主知识产权的关键核心技术，为打造享誉海内外的国际知名品牌提供基础性支撑，助力新质生产力发展。知识产权的保护是基础，创新是目标。纵观发达国家的经济现代化发展，掌握关键核心技术和国际知名品牌这两个核心竞争力，不仅对于企业在发展中赢得战略主动，迅速掌握世界市场意义重大，也对于一个国家的现代化发展意义重大，更是一个国家维护国家安全、促进世界和平的重要保障。如苏联之所以能够在世界反法西斯战争中取得胜利，苏联当时强大的技术支撑是重要保障。基于此，中华民族伟大复兴，必须加快推动我国各类产业涉及的技术的创新力度，实现在关键核心技术方面的自立自强，在关键核心技术方面拥有自主知识产权，摆脱在关键核心技术方面受制于人的问题，如此也能为打造国际知名品牌提供基础性支撑，助力新质生产力大发展、大繁荣。具体来讲，其一，应深入实施创新驱动发展战略，发挥新型举国体制优势，集中攻克关键核心技术，为新质生产力发展提供关键核心技术支撑，确保新质生产力发展的安全性，增强我国产业链韧性，这就需要发挥党、政府、高校科研院所、企业等各种力量，形成攻克关键核心技术的合力，形成主动创新、主动攻关关键核心技术的氛围。其二，鼓励各高校科研院所、企业等加快建立能够体现科研人员价值的科技创新体系，形成鼓励攻克关键核心技术创新的氛围，如对于科技人员的发明创造产生的收益可以采用按照贡献进行分红等举措，鼓励科技人员创新，如此也有利于共同富裕目标的实现。其三，加快企业与高校科研院所对接平台的打造，为企业科技创新提供保障。目前很多企业缺少科研平台，而且由于实力、时间等因素，如果依靠自身力量进行科技创新，还存在一些短板，必须发挥高校科研院所的作用，实现二者的对接。在这过程中需要打造相关平台，确保各类企业能够有产品创新的平台，而且如果缺少这一平台将使得这些企业不得不高价进口国外相关技术，从而形成对国外技术的依赖，不利于高水平科技自立自强。通过以上举措，掌握具有自主知识产权的关键核心技术，为打造国际知名品牌提供基础性科技支撑。

第三，打造具有自主知识产权的最具价值国际知名品牌。当前随着我国人民生活水平的显著提升，人民对美好生活的需要日益强烈，品牌意识也逐渐增强，人民往往倾向于购买具有较高知名度的品牌，认为品牌知名度高的产品，质量肯定好。因此，品牌知名度高的产品，其市场占有率往往较高，而且随着我国互联网的发展，农村新型基础设施建设的推进，占人口多数的农民群体的品牌意识也逐渐增强，这就表明广大人民群众的品牌意识已经从总体上获得显著提升。

同时，世界发达国家的现代化发展经验也表明，品牌多少是一个国家综合竞争力的体现，品牌对于一个国家经济的可持续发展意义重大，美国、日本、德国、韩国等国家都有相当数量的国际知名品牌，美国的通用、日本的松下、德国的奔驰、韩国的三星等，都在国际市场的相关产品门类中具有长期的可持续的竞争力，有效地支撑了这些国家经济的发展。基于此，我国必须通过切实举措打造一批具有自主知识产权的国际知名品牌，助力新质生产力发展，推动中国式现代化走深走好。其一，通过对标推进高水平对外开放的目标任务，加大"出口创牌"力度，提升我国品牌的国际知名度。我国的华为产品、比亚迪汽车、高铁等之所以能够打造成世界知名品牌，与其长期坚持的"出口创牌"战略是分不开的，基于此，我国各类企业应深入实施好"出口创牌"战略，打响国际知名度，而不是围绕眼前利益，以出口创汇为主，应在有一定效益的同时，花大力气提升企业的产品知名度，从而形成长期稳定的客户源，如此才能实现可持续的出口创汇，因为"现代市场经济从某种意义上讲是'品牌经济'"。因此，我国企业要实现高质量发展，必须树立品牌意识，打造以品牌提升为导向的高质量发展体系。其二，应对标构建以国内大循环为主体、国内国际双循环新发展格局的目标任务，针对我国具有14亿多人口的大市场这一现实，在我国百姓中通过产品质量和信誉打响产品品牌，形成内部客源和外部客源协调联动的产品需求体系，共同推动品牌知名度的提升。其三，深入实施品牌知名度提升战略，不管对于新产业，还是对于传统产业，都需要在掌握具有自主知识产权的关键核心技术的同时，对于品牌知名度的提升，进行前瞻性的布局和谋划，对标世界一流国际知名品牌的建设标准，进行培育和打造，如我国各类企业应充分利用"一带一路"建设的契机，展现良好的信誉和质量，提升品牌知名度。

（原载《当代经济研究》2023 年第 12 期）

周　文　复旦大学马克思主义研究院教授、博士生导师
　　　　　教育部长江学者特聘教授

何雨晴　复旦大学马克思主义经济学中国化研究中心博士研究生

新质生产力：
中国式现代化的新动能与新路径

一、现代化的共同特征：生产力的持续发展

　　习近平总书记指出，"18 世纪出现了蒸汽机等重大发明，成就了第一次工业革命，开启了人类社会现代化历程"。以生产力的持续发展和经济的快速增长为主要特征，西方资本主义国家率先走上现代化道路，形成了西方现代化的思想与理论体系。由于西方现代化道路取得了一定的成功，很多西方学者认为现代化就是西方化。然而，马克思深刻地揭示了资本主义社会的基本矛盾及其发展的历史规律，表明西方现代化并不是现代化的唯一模式。基于对资本主义社会的观察，马克思提出了关于现代化社会的思想。尽管现代化的模式是多种多样的，但是它们都有一个共同的特征，那就是生产力的持续发展。

（一）西方现代化的基本内涵：工业化与技术进步

人类社会现代化的进程是从西方国家开始的，在200多年的西方现代化历程中，一个突出的特征就是工业化带来的经济持续增长。可以说，西方现代化与工业化是紧密联系的。西方现代化是由工业革命驱动的，每一次的工业革命推动了西方传统社会向工业化和都市化转型，最终形成了以工业社会为代表的现代社会的整体结构。

18世纪60年代，英国爆发了第一次工业革命，为英国工业带来了机器化大生产方式，深刻改变了英国国内的社会结构和生产关系。在英国工业革命的带动下，法国、美国、德国等西方资本主义国家也相继发生工业革命，进入了现代化的历史进程。19世纪60年代后期，人类社会迎来了第二次工业革命。电力的发现和广泛使用以及内燃机的改进带来了生产方式的巨大变革，使西方资本主义现代化迈上了新的台阶，也使资本主义制度得到了进一步的巩固和更广泛的传播。19世纪70年代后期，由于资本主义生产方式自身存在的矛盾加剧，资本主义世界频繁爆发经济危机，加速了生产和资本集中，垄断资本主义的产生极大地推动了西方国家的现代化进程。第二次世界大战结束后，第三次工业革命爆发，人类在科技领域实现了又一次重大飞跃，科学技术的进步在推动社会生产力发展方面发挥越来越重要的作用，并出现了全球性现代化的大浪潮。一方面，西方发达国家凭借工业革命累积的强大实力顺利完成了战后的政治经济秩序的恢复，出现经济持续增长的繁荣局面；另一方面，第三世界国家在殖民体系瓦解后以西方现代化模式为学习的蓝本，逐渐加入世界现代化的历史进程。

关于现代化研究的热潮正是在这样的背景下兴起的。学者们从政治学、经济学、社会学等不同学科视角对现代化问题展开了深入研究。从经济学的视角来看，现代化研究的核心是经济发展。有不少西方学者认为"现代化"就是"工业化"，如列维将衡量工业化的指标"非生物能源与生物能源的比率"作为衡量现代化的标准。发展经济学作为经济学的一个分支，认为现代化本质上就是以工业化促进经济持续增长，因而其主要研究落后的发展中国家如何实现工业化，推动经济发展。刘易斯提出了"二元经济结构"理论，认为发展中国家并存着以传统生产方式为主的农业部门和以现代制造业为主的工业部门，应把农业剩余劳动力转移到工业部门，使二元经济结构逐渐消减，才能使发展中国家实现社会经济稳定增长。在他看来，现代化的过程就是现代工业部门相对于传统农业部门扩张的过程。罗斯托提出了经济成长的"五阶段"理论（后补充为六个阶段），他认为人类社会发展都会经历这五个阶段。其中，起飞阶段是经济由落后到先进的过渡阶段，也是现代化进程中最重要的阶段，工业化是其最突出的特征，实现起飞后，经济就可以实现自动持续增长。在罗斯托看来，社会发展变化是单线式的，任何社会都会经历同样的现代化过程，既然西方发达国家已经实现了起飞，那么落后国家只要沿着西方现代化的道路去追赶，就能实现持续增长进而实现现代化。

围绕经济增长这个现代化的核心命题，经济学家展开了丰富的理论研究，从西方现代化的道路中探索经济增长的决定因素、刻画理想的经济增长模型、提炼和总结最能促进一国经济增长的方法和路径。有的学者强调资本积累是经济增长的决定性因素。有的学者认为，经济增长不仅仅取决于劳动力投入和资本投入，技术进步也是一个重要因素。有的学者认为，知识的积累不仅能促进技术进步，而且也能使劳动、资本等其他要素具有递增收益，因而经济长期增长依靠的是知识的不断累积。

由此可见，随着现代化理论研究的不断深入，经济学家们从西方发达国家的成功发展经验中发现了科学技术进步是促进经济增长的重要因素。从西方现代化的历程中也可以看到，科技进步是西方现代化的基本内涵。但科学技术进步促进经济增长、推动西方现代化只是现象层面的，从本质上来看，推动现代化发展的根本动力则是科技进步带来的社会生产力水平提升。

（二）马克思文本中的现代化：科学力量推动生产力变革

马克思在其论著中，虽然没有直接使用过"现代化"这一概念范畴，但是早在西方现代化理论提出一百多年前，马克思就已经表述了关于现代化的思想。在《资本论》第一版序言中，他明确指出，"本书的最终目的就是揭示现代社会的经济运动规律"。特别要注意的是，马克思所指的"现代社会"不是一般意义上的，而是特指19世纪的资本主义社会，生产方式的工业化是现代社会区别于传统社会的本质特征。

关于现代化的动力，西方现代化理论将其归结于科学技术、观念思想、知识的增长等因素，而马克思用历史唯物主义的方法分析得出，生产方式的变化才是社会形态变化的根本动力。首先，在马克思看来，物质资料生产方式是社会发展的最终决定力量。人类的首要历史活动是"生产物质生活本身",唯有如此,人类才能生存,才能创造历史。随着满足人类物质生活需要的生产力的发展,与之相适应的交换和消费也就产生了,更进一步,社会制度、政治国家等也建立于其上。因此,社会关系、政治制度等上层建筑发生变革的根源都在于生产方式的变革。其次,马克思认为,现代资产阶级生产方式的产生和发展产生了现代资本主义社会。马克思将生产方式的变革视为划分不同社会形态的标准,他指出,"亚细亚的、古代的、封建的和现代资产阶级的生产方式可以看作是经济的社会形态演进的几个时代"。现代资产阶级生产方式以机器大工业为本质特征,为适应这种机器大工业的生产,生产资料和劳动力不断集中,社会关系也不断现代化。可见,在机器大工业的物质生产力基础上,"现代生产关系""现代生产方式""现代工业""现代的经济关系"乃至"现代社会"才得以形成。再次,马克思强调了科学技术对生产方式变革的重要作用。马克思认为,"生产力中也包括科学","科学是一种在历史上起推动作用的、革命的力量"。例如,英国正是在蒸汽机和加工机器的技术基础上引发了工业革命,才推动实现了英国的现代化。"蒸汽和新的工具机把工场手工业变成了现代的大工业,从而使资产阶级社会的整个基础发生了革命。工场手工业时代的迟缓的发展进程转变成了生产中的真正的狂飙时期"。最后,随着现代化的发展,生产方式会不断发生变革,推动产生新的社会形态。马克思指出,"现代工业从来不把某一生产过程的现存形式看成和当做最后的形式",物质生产力的不断发展会推动产生新的社会形态,从而政治、法律、文化等也将随之发生变化。根据马克思和恩格斯的设想,现代化是分阶段的:第一阶段是资本主义现代化阶段；第二阶段则是共产主义现代化阶段。资本主义社会形态的灭亡是历史必然，人们必将在高度发达的生产力和先进生产关系的基础上，向共产主义现代化阶段过渡。

（三）生产力的持续发展是现代化的共同特征

马克思和恩格斯指出，"人们所达到的生产力的总和决定着社会状况，因而，始终必须把'人类的历史'同工业和交换的历史联系起来研究和探讨"。在人类社会迈入现代化以前，社会生产力水平长期低下且发展缓慢，直到英国工业革命的爆发极大地促进了生产力的发展，才带来了人类生产力的一次质的飞跃。正如马克思、恩格斯所说，"资产阶级在它的不到一百年的阶级统治中所创造的生产力，比过去一切世代创造的全部生产力还要多，还要大"。因此，工业革命创造出的生产力是引领人类社会走向现代化的根本动力。

社会生产力的持续发展是各国现代化的共同特征。尽管世界各国的现代化呈现多样化的表现形式，但就其本质而言，现代化在长期历史过程中遵循着生产力发展的自我逻辑。从西方国家的现代化进程中可以看到，经济增长是各国迈入现代化的突出标志，而经济增长的根本原因是生产力的发展。马克思指出，"发展社会劳动的生产力，是资本的历史任务和存在理由"。生产力的发展主要表现为落后的生产方式被新的生产工具和手段所取代。18 世纪蒸汽机的改良和广泛运用使机器生产代替手工劳动，推动人类社会逐渐从农业社会向工业社会转型；20 世纪四五十年代电子计算机的发明和应用实现了生产的自动化，引领人类社会从工业社会迈入了信息社会。可见，随着现代的、先进的生产力不断替代传统的、落后的生产力，人类社会逐渐走向了现代化。

科学技术的创新是社会生产力发展的关键，每一次生产力的巨大跃升都以一系列开创性的科学发现和技术突破为先导。生产力的发展是一个从质变到量变的过程。首先，每一次工业革命都以重大科技创新为起点，新的科学技术对传统生产工具进行改良，形成新的生产方式，导致生产力发生质变。其次，产业革命总是伴随科技革命出现，新技术的广泛运用驱动生产力的量变，推动了社会整体生产力水平的提升。第一次工业革命以"珍妮纺纱机"的发明和蒸汽机的广泛使用为标志，机械力全面取代生物力，机器大生产推动生产效率极大提升；第二次工业革命以电器的发明和使用、内燃机的大范围应用为标志，大规模集中的生产使社会生产力水平跃上新的台阶；第三次工业革命以电子计算机、原子能、生物科技的发明和应用为标志，信息技术革命推动形成了更先进的生产力。可以说，每一次科学技术的重大突破都会加速旧的生产力体系瓦解和新的生产力体系形成。因此，现代化发展的历史就是一部科学技术推动生产力发展的历史，特别是促进落后生产力向先进生产力转变和发展的历史。

二、生产力的发展是推动中国式现代化的根本动力

新中国成立以来，中国共产党坚持以马克思主义理论为指导，在世界现代化的潮流中开辟了中国式现代化的道路。中国式现代化作为现代化的一种模式，具有各国现代化的共同特征。生产力持续发展是

推动中国式现代化的根本动力。

（一）新中国成立初期优先发展重工业促进生产力水平提高

新中国成立初期，中国仍是一个落后的农业大国，国民经济尚未恢复，全国上下百废待兴，中国共产党带领中国人民开启了社会主义现代化道路的伟大探索。为了恢复社会生产力，推动社会主义经济发展，毛泽东提出了"一化三改造"的过渡时期总路线，明确工业化是中国现代化建设的主要目标。在学习和借鉴了苏联现代化模式的基础上，党中央制定了以大力发展重工业为核心的"一五"计划，采取计划经济模式推进社会主义现代化。这一时期，在苏联的援助下，中国兴建了一大批大型工业企业，优先发展重工业，依托156个重点项目开展了大规模的经济建设。与此同时，社会主义改造与工业化建设齐头并进，党中央对农业、手工业和资本主义工商业进行了社会主义改造。到1956年底，中国基本完成了三大改造，建立起了社会主义经济制度。

1954年，党中央首次提出了工业、农业、交通运输业和国防四个现代化的建设目标。然而，到了"一五"计划后期，随着苏联模式的弊端逐渐暴露以及中苏关系的变化，中国共产党认识到科学技术对中国工业化和现代化的重要性和迫切性，中国必须独立自主地走适合中国国情的社会主义现代化道路。1957年，毛泽东提出，"将我国建设成为一个具有现代工业、现代农业和现代科学文化的社会主义国家"，把"现代科学文化"纳入了中国现代化的整体构想，体现出对现代科学的高度重视。1963年，毛泽东再次强调，"科学技术这一仗，一定要打，而且必须打好……不搞科学技术，生产力无法提高"。可见，科学技术发展对提高社会生产力的重要性。在1964年的第三届全国人民代表大会第一次会议上，周恩来根据毛泽东的指示，正式宣布"四个现代化"的宏伟目标，要"把我国建设成一个具有现代农业、现代工业、现代国防和现代科学技术的社会主义强国"。

在中国共产党的带领下，中国以"四个现代化"为目标，尤其以发展重工业为着力点，进行了现代化道路探索。中国人民自力更生，集中力量办大事，"在三十年间取得了旧中国几百年、几千年所没有取得过的进步"。尽管经历了艰难曲折的过程，中国成功建立起了比较完整的工业体系和国民经济体系，生产力水平得到了显著提升。这一时期，中国迅速完成了不同于西方模式的工业化原始积累，走出了适合自身国情的工业化道路。从新中国成立到改革开放前，中国主要工业制成品产出增长惊人。1949年中国钢产量仅有15.8万吨，经过不到30年的重工业发展，1978年中国钢产量突破了3000万吨，跃居全球第五位。中国工业化建设取得了显著的成效，1952年中国工业产值仅有119.8亿元，到1977年已经达到了1372.4亿元，且工业对国民经济的贡献也大幅提升，占GDP的比重从1952年的17.6%上升到1977年的42.9%。工业化提高了农业生产力水平，1952—1978年，中国农业总产值翻了一番，农业机械总动力由25万马力增至15975万马力，机械耕种面积由13.6万公顷增至4067万公顷。1978年，中国成为世界第八产油大国，粮食产量位居世界第二，棉花产量位居世界第三。在新中国成立初期，中国主要依靠优先发展重工业推动社会生产力大幅提升，为中国式现代化道路的开辟奠定了良好的基础。

（二）改革开放后通过经济体制改革推动生产力的高速发展

在改革开放初期，中国的生产力水平相较于西方发达国家仍处于较低的水平，由于底子薄，中国依然是世界上较为贫穷的国家之一。以邓小平同志为主要代表的中国共产党人反思新中国成立以来的现代化建设经验教训，深刻认识到社会主义最根本的任务是解放和发展生产力，党的十一届三中全会作出了改革开放的历史性决策，把党和国家工作中心转移到经济建设上来。邓小平首次提出要"走出一条中国式的现代化道路"。1987年，党的十三大明确提出把我国"建设成为富强、民主、文明的社会主义现代化国家"的总目标，并制定了"三步走"的发展战略。1992年，邓小平在南方谈话中提出社会主义的本质就是解放生产力和发展生产力，而要解放和发展生产力必须依靠科学技术，他也反复强调"科学技术是第一生产力"，"四个现代化，关键是科学技术的现代化"。

1978年以后，中国改变了长期实施的优先发展重工业的战略，主要依靠经济体制改革推动生产力的解放和发展。在农村，家庭联产承包责任制极大地提高了农民生产的积极性，推动了农业生产力的提高。在城市，以扩大企业自主权为主要内容的经济体制改革也逐步在全国各个领域推开。在所有制结构方面，打破了单一的公有制经济结构，在公有制为主体的基础上，个体经济、私营经济从无到有，外商投资规模不断扩大，非公有制经济逐渐成为国民经济的重要组成部分。为适应所有制结构的变化，中国分配制度也进行了相应的调整。为了更好地激发劳动者生产的积极性，党中央打破了平均主义的分配方式，在家庭联产承包责任制的基础上提出"交够国家的，留够集体的，剩下都是自己的"，鼓励让一部分地区、一部分人先富起来的政策充分调动了各类经济主体的积极性，生产力发展迅速。1992年，党的十四大正式提出建立社会主义市场经济体制，党的十四届三中全会提出国有企业要建立现代企业制度，使中国式的现代化进入"快车道"。总体来说，中国经济体制改革为生产力的高速发展提供了关键性的制度保障，成功带动了中国经济的腾飞。

改革开放以来，中国实现了从"站起来"到"富起来"的历史性飞跃，生产力的高速发展是这一阶段现代化建设的突出特征。1978—2012年，中国经济实现了持续高速增长，年均增速达到10%。从经济总量上来看，中国GDP连上新台阶，2000年突破10万亿元大关，2012年达到53.7万亿元。进入21世纪以来，中国先后赶超法国、英国、德国和日本，成为世界第二大经济体。从产业结构上来看，中国实现了从主要由工业拉动向由三产协调拉动的优化转型，逐渐从要素驱动、投资驱动转向创新驱动。中国三大产业增加值从1978年的27.7%、47.7%和24.6%转变为2012年的9.1%、45.4%和45.5%，第三产业发展迅速。在改革开放以来的现代化建设中，中国科技水平不断提升，自主创新能力显著增强。1995—2012年，中国发明专利申请数量从两万多项增长到了65万多项，高技术产品出口额从100.91亿美元增长至6011.7亿美元。科技创新成果不断涌现，如超级杂交水稻的成功培育，"神舟系列"飞船的成功发射，自主研发的高铁频频刷新世界纪录，首台千万亿次超级计算机"天河一号"研制成功等，一大批重大创新成果跻身世界前列。由此可见，改革开放以来，中国式现代化建设取得了举世瞩目的成就，究其根源在于经济体制改革为解放和发展生产力创造了有力的制度条件，科技创新对生产力发展的重要性愈发突出。

（三）新时代以来坚持创新驱动推动生产力的持续升级

党的十八大以来，中国经济由高速增长转向了中高速增长，中国特色社会主义进入新时代。党中央提出了"五位一体"总体布局和"四个全面"战略布局，中国式现代化建设进入了新的历史阶段。党的十八大明确提出，"科技创新是提高社会生产力和综合国力的战略支撑，必须摆在国家发展全局的核心位置"。因此，新时代以来，中国坚持实施创新驱动发展战略，为生产力的持续升级开拓空间，以创新驱动引领现代化建设。立足于中国社会主要矛盾的变化，党的十九大明确提出要建设现代化经济体系，并指出"创新是引领发展的第一动力，是建设现代化经济体系的战略支撑"。在新的历史起点上，党中央为建设中国式现代化作出了"两步走"的战略安排。2021年，习近平总书记在庆祝中国共产党成立100周年大会上明确提出"中国式现代化新道路"这一理论命题，标志着中国式现代化进入新的历史征程。

随着中国经济进入转型升级的新阶段，改革也进入了攻坚期和深水区。过去中国经济增长主要依靠投资和出口，是一种外延型、粗放型的增长模式，而随着工业化的即将完成，出口和投资对经济增长的驱动力逐渐弱化，中国必须转向依靠创新为主的内涵型增长。为了全面建成小康社会，进而建成社会主义现代化国家，党的十八届三中全会作出了全面深化改革的决定。针对产能过剩、库存积压、杠杆率攀升等问题，党中央通过供给侧结构性改革进行"去产能、去库存、去杠杆、降成本、补短板"，从而破除了束缚生产力进一步发展的障碍，推动各行各业向技术进步方向转型升级。中国坚持科技创新和体制机制创新"双轮驱动"，动员各类创新主体和创新要素投入创新研发。党的十九届五中全会再次强调，"坚持创新在我国现代化建设全局中的核心地位，把科技自立自强作为国家发展的战略支撑"。在创新驱动发展战略下，中国产业结构不断升级，工业化与信息化加速融合。工业互联网广泛运用于钢铁、石油、机械等传统产业，制造业整体的数字化、智能化水平显著提升。高新技术产业、战略性新兴产业在工业和出口中的比重不断提高，技术进步对经济增长的贡献率不断提高。

党的二十大报告指出，"在新中国成立特别是改革开放以来长期探索和实践基础上，经过十八大以来在理论和实践上的创新突破，我们党成功推进和拓展了中国式现代化"。中国已经成为全球制造业第一大国，是世界上唯一拥有联合国产业分类目录中所有工业门类的国家，也是驱动全球工业增长的重要引擎。新时代以来，中国经济保持6.4%的中高速增长，国内生产总值突破了100万亿元大关，经济实力实现了历史性跃升。2021年，中国全面建成了小康社会，历史性地解决了绝对贫困的问题，这是中国式现代化进程中取得的阶段性成功。在这些经济发展成就的背后，反映的是中国生产力水平的不断提高，而推动生产力发展的动力源泉则来自科技创新。进入新时代以来，中国新兴产业不断孕育，生产力持续升级。2012—2022年，中国高技术制造业年均增加值达到11.3%。在创新驱动发展战略的实施下，中国取得了丰硕的创新成果，"天眼"探空、"蛟龙"入海、"墨子"传信、"北斗"组网等重大科技成果相继问世，人工智能、5G通信技术、光电芯片技术等智能化技术引领全球，推动中国式现代化加速向前，助力中国实现了从"富起来"到"强起来"的伟大飞跃。

三、推动新质生产力的形成和发展是中国式现代化的必然选择

回顾中国式现代化的发展历程可以看到，生产力的持续发展是中国式现代化的突出特征，科技创新始终是推动发展的不竭动力，是提升社会生产力的关键因素。当今世界正处在一个大变革、大调整的时代，新一轮科技革命和产业变革正在孕育兴起。2023年9月7日，习近平总书记在主持新时代推动东北全面振兴座谈会上首次提出"新质生产力"的概念，他指出，要"积极培育新能源、新材料、先进制造、电子信息等战略性新兴产业，积极培育未来产业，加快形成新质生产力，增强发展新动能"。新质生产力是以科技创新为主导、实现关键性颠覆性技术突破而产生的生产力。新质生产力的产生符合社会生产力发展的规律，是在传统生产力的基础上实现的一次生产力的跃迁，是中国式现代化的必然选择。

（一）理论逻辑：新质生产力是马克思主义生产力理论的发展和创新

生产力理论是马克思主义政治经济学的重要研究范畴。马克思指

出，生产力是"人类改造自然时从事实践活动的生产能力"。生产力是由很多因素共同决定的，"其中包括：工人的平均熟练程度，科学的发展水平和它在工艺上应用的程度，生产过程的社会结合，生产资料的规模和效能，以及自然条件"。可以看到，生产力是一个复杂的系统性概念，其基本要素是劳动者、劳动资料和劳动对象。另外，自然、管理、科技等要素在生产中也起到了重要的作用。在《资本论》中，马克思还把协作作为生产力的要素，指出，"结合工作日的特殊生产力都是社会的劳动生产力或社会劳动的生产力。这种生产力是由协作本身产生的"。

马克思尤其重视科学技术及其运用，认为科学技术属于生产力的重要组成部分，他强调，"生产力中也包括科学"。第一，在马克思看来，生产力不仅以物质形态存在，而且以知识形态存在，自然科学就是以知识形态为特征的一般社会生产力。科学技术也可以直接参与生产过程，成为直接生产力，其主要通过转化为劳动者的劳动技能，物化为劳动工具和劳动对象的方式实现。正如马克思所说，"固定资本的发展表明，一般社会知识，已经在多么大的程度上变成了直接的生产力"。第二，根据对工业革命的深入考察，马克思揭示了科学技术对人们的生产和生活方式带来的巨大改变并指出自然科学和现代科技正"通过工业日益在实践上进入人的生活，改造人的生活"，"劳动生产力是随着科学和技术的不断进步而不断发展的"。恩格斯指出，"在马克思看来，科学是一种在历史上起推动作用的、革命的力量"。

在唯物史观的视域下，生产力是会发展和变化的，并且生产力的发展是社会历史发展的物质基础，是人类社会发展的决定性力量，因为"人们所达到的生产力的总和决定着社会状况"。生产关系必须适应生产力的发展状态，当生产关系与生产力发展不相适应时，就会出现矛盾，推动社会形态的变迁。因此，生产力与生产关系的矛盾运动构成了社会形态发展的根本动力。这一规律也是推进中国式现代化的基本遵循，新质生产力正是在生产力与生产关系的运动中产生的。

新质生产力在理论上继承和发展了马克思主义生产力理论，本质上是马克思主义生产力理论同新时代中国生产力发展实际相结合的产物。首先，新质生产力的产生符合生产力与生产关系运动规律。在新一轮科技革命和产业变革的时代背景下，传统生产力无法突破技术制约继续提供经济发展的动能，而随着中国在大数据、人工智能、5G通信、量子科技、生物技术等领域不断取得颠覆性技术突破，新质生产力应运而生。并且，新质生产力的形成必然要求生产关系的重塑，围绕创新驱动推进体制机制变革，使生产关系更好地适应新质生产力的发展。其次，新质生产力继承了马克思"生产力中也包括科学"的观点，更加强调科技创新为引领，突出技术、信息、数据等新型生产要素在推动社会生产力发展中的核心作用。科技创新作为一种渗透性要素，是新质生产力的内生动力，必须融入生产的每一个环节，与其他生产要素结合起来。科技与传统生产要素的融合可以进一步提升劳动者的技术水平、丰富劳动资料的内容、扩大劳动对象的范围，有利于社会生产力进一步发展。最后，新质生产力继承和发展了马克思将协作视为生产力要素的观点，强调对科技创新资源的整合，促进数字经济与实体经济融合。科技创新固然是新质生产力的核心，但资源的整合协作也是新质生产力的内在要求。通过对信息、设备等科技创新资源的优化整合，可实现科技创新成本的降低和科技创新效率的不断提升。

（二）历史逻辑：新质生产力是社会生产力的又一次跃升

人类社会现代化的历史进程就是一部生产力发展的历史。随着经济社会的发展，新的生产力会不断取代旧的生产力，成为推动经济社会进步的主要动力。每一次新的生产力的跃升都以传统生产力发展到一定水平为基础和条件，并且随着时间的推移，当下新的生产力终将被未来更新的生产力所取代。罗雪尔提出，历史上社会生产力主要是受到自然、劳动和资本三种因素的支配，正是这三种因素决定了历史发展中的三个阶段。

第一阶段以自然生产力为主导。在原始社会，社会生产力极其低下，无论是狩猎、采集，还是原始农业和畜牧业，都依赖于自然环境。农业革命的发生使人类能够更好地适应和改造自然环境，打破了原始社会末期人类生存的自然界限。在农业社会，人们逐渐开始利用畜力、风力、水力等自然生产力进行生产活动，人类社会的生产力得到显著提升。整体来说，从原始社会一直到封建社会中期，社会经济发展主要依靠自然生产力。第二阶段以劳动生产力为主导。在中世纪中期以后，劳动生产力逐渐取代自然生产力，成为占支配地位的发展动力。配第最早提出"劳动是财富之父"的观点，将商品价值的源泉归于劳动，随后，斯密和李嘉图深入研究和发展了劳动价值论，明确了劳动决定商品的价值。劳动价值论深刻反映了在以农业和手工业为主的社会中，劳动对社会财富创造的重要性。在这一阶段，劳动生产力成为人类社会主导的生产力，标志着人类社会生产力实现了一次巨大的跨越。第三阶段以资本生产力为主导。第一次工业革命爆发后，人类步入了现代化，资本取代劳动成为影响人类社会生产力发展的关键要素。"资本将彼此分开的自然和劳动结合在一起，使它们共同发挥作用"。在资本逐利性的驱使下，人们生产的积极性和创造力被充分调动，社会财富被不断创造，社会生产力水平显著提升。随着资本主义的发展，资本不断积聚和集中，形成了垄断资本，更进一步推动了世界现代化的进程。在这一阶段，科技已经成为影响生产力的一种要素，但尚未成为主导因素。

由于受到时代的限制，罗雪尔只看到了上述三个阶段的生产力特征，但历史的脚步是不断前进的，后来的第二次工业革命和第三次科技革命引导人类社会走向了以科技生产力为主导的第四阶段。随着近现代化的推进，科学技术迭代加速，新的科技发明层出不穷，不断颠覆着传统的生产方式，推动着产业的变革。电力、内燃机、计算机、原子能等的发明发现和广泛应用使人类社会生产力发展的速度和高度都实现了历史性的突破。科技生产力已然成为影响经济社会发展的主导力量，是推动现代化的主要动力。

当下，新质生产力已经在新一轮科技革命中初步形成，实现了社会生产力的又一次跃升，人类社会将进入以新质生产力为主导的新阶段。新质生产力是由技术革命性突破、生产要素创新性配置、产业深度转型升级而催生的，具有高科技、高效能、高质量特征，其本质是先进生产力。在科学把握和综合运用现代信息技术、生物技术、新能源技术等一系列前沿技术的基础上，新质生产力摆脱了传统经济的增长方式，极大地提升了生产效率和创新能力。从历史发展的规律来看，新质生产力将取代传统生产力，成为推动现代化的主要力量。因此，新质生产力必然成为实现中国式现代化的强劲推动力和支撑力。

（三）现实逻辑：新质生产力是高质量发展的内在要求

党的二十大报告指出，"高质量发展是全面建设社会主义现代化国家的首要任务"。近年来，中国科技创新成果丰硕，创新驱动发展成效日益显现，高质量发展取得明显成效。然而，世界百年未有之大变局加速演进，中国经济发展面临错综复杂的内外部环境，制约高质量发展的因素还大量存在。从外部来看，新一轮科技革命和产业变革正在重构全球创新版图、重塑全球经济结构。西方发达国家加速推进产业链的"去中国化"，企图使中国经济与世界经济体系脱钩，在一些关键技术和重要产品领域将中国排除在外。从内部来看，工业化的传统发展模式导致高资源消耗和高碳排放，对生态环境造成了不可逆的破坏，不具有可持续性。过去中国依靠资源投入为主的产业体系发展模式已经难以为高质量发展提供增长新动力。中国正处于战略机遇和风险挑战并存的关键期，亟须创新增长方式，为中国经济高质量发展注入新动力。

生产力是推动人类社会发展的最终决定性力量，也是推动经济高质量发展的根本性动力。随着大数据、移动互联网、物联网、云计算、区块链、人工智能、量子信息等技术的大规模发展与广泛应用，新产业、新业态、新模式加速迭代，为生产力的跃迁提供了技术支持，使新质生产力的形成成为可能。习近平总书记强调，"要抓住全球产业结构和布局调整过程中孕育的新机遇,勇于开辟新领域、制胜新赛道"。从现实条件来看,发展新质生产力有助于中国把握发展新机遇、培育竞争新优势、蓄积发展新动能,为高质量发展提供强大动力和支撑。高质量发展是中国式现代化的本质要求,而实现高质量发展必须依靠新质生产力,因此,加快形成新质生产力是中国式现代化的必然选择。

第一,新质生产力以关键性和颠覆性技术突破为高质量发展提供源动力。随着新一轮科技革命和产业变革兴起,经济高质量发展要求必须从要素驱动的粗放式增长转向以创新驱动的集约式增长。新质生产力包含的关键性颠覆性创新突破能够顺应高质量发展的内在要求,突破技术"卡脖子"难题,推动传统产业转型升级,提升生产效率和资源利用效率,提高产出质量和数量。

第二,新质生产力通过生产要素升级和培育新型生产要素赋能经济高质量发展。一方面,伴随数字技术的快速发展,数智化技术在各行各业得到广泛运用,传统生产要素与数智化技术的融合使传统生产要素的质量得到极大提升,从而提高产出效率,促进高质量发展;另一方面,在数字技术快速迭代和强力催化下,劳动力作为生产要素的质量也在不断提高,数智化人力资本的形成和发展,成为形成新质生产力最积极、最活跃的因素,为经济高质量发展提供源源不断的动力。

第三,新质生产力促进产业业态不断升级,为高质量发展提供主体支撑。战略性新兴产业和未来产业是新质生产力的主要载体,新质生产力的发展成果也最先体现在这些产业上。随着现代化的发展,中国产业结构将逐渐走向高端化，知识技术密集型产业逐步取代劳动密集型产业成为国民经济发展的支柱产业。新兴产业和未来产业正是以知识技术密集度高、产业链条长为突出特点，具有带动整个产业体系效益提升的潜力，因而能够成为实现经济高质量发展的主体力量。

四、中国式现代化发展新路径：加快形成和发展新质生产力

新质生产力作为一种生产力的跃迁，是突破发展制约点、引领经济高质量发展的重要力量。面对新一轮科技革命和产业变革，要遵循生产力形成和发展的规律，以科技创新为主导加快发展新质生产力，培育竞争新优势，为中国式现代化提供不竭动力。

（一）坚持市场与政府有机结合，协力推动科技创新

改革开放以来，中国建立了社会主义市场经济体制，取得了辉煌的经济发展成就，可以说，使市场和政府有机结合是中国经济体制改革最成功的经验之一。在中国式现代化的新征程中，加快发展新质生产力要求生产关系也必须相应调整。习近平总书记强调，"发展新质生产力，必须进一步全面深化改革，形成与之相适应的新型生产关系"。因此，在培育新质生产力的过程中，宏观上必须处理好市场与政府的关系，让市场在资源配置中发挥决定性作用，更好地发挥政府的作用，使市场和政府协同助力科技创新，推动中国式现代化。

第一，新质生产力的形成和发展必须尊重市场规律，使企业在公

平竞争的市场环境下不断迸发活力和创造力。在原始创新的初始阶段，重大的原创性认识突破主要依靠"自由探索"式的科研活动。这类科研活动处于具有较强不确定性的前沿技术领域，需要大量的企业在市场的激励下不断试错、相互合作与竞争，是难以通过政府的作用进行规划设计的。而市场依靠价格、供求、竞争机制，在资源配置、促进效率方面具有不可比拟的优势，能够激发企业的创新活力。因此，应加快形成和发展新质生产力需要充分发挥市场的决定性作用，动员各类市场主体自由、公平地参与竞争和探索，在市场规律中实现科技创新的优胜劣汰。在这个过程中，政府的主要作用是为各种创新资源的结合以及市场主体的竞争提供良好的制度环境，更多的是发挥倡导、保护、鼓励的作用，而不是直接去组织研发攻关。

第二，新质生产力的形成和发展必须依靠政府引领，推动重大基础性、关键性技术的研发攻关。在新领域、新赛道上进行重大技术攻关需要巨额的资金投入，具有研发周期长、收益见效慢、风险大和不确定性高的特点，在市场机制的作用下，一般私营企业没有动力和能力投入此类科研活动。因此，必须依靠政府，展开有组织的研发攻关。一要加强顶层设计，引导科研方向。政府在组织协调方面具有显著的优势，加快形成和发展新质生产力必须加强原创性研究和基础研究的顶层设计和统筹协调，通过制定针对性的政策引导企业的科研方向。尤其是对于原创性研究的重点领域和重点方向，政府需要通过财政补贴、税收优惠、资源倾斜等方式加大力度予以支持。二要加大研发人才的培养力度，保障人才供给。人才是第一资源，是培育新质生产力最关键的要素。因此，在人才培养方面，政府需要根据科技发展新趋势，优化高等学校学科设置、人才培养模式，为发展新质生产力、推动高质量发展培养急需人才。同时，也要建立和完善人才激励机制，对承担基础性、关键性、战略性等重大攻关项目研发的科技人才予以充分的物质和精神奖励，这样才能保障创新型人才队伍的持续壮大。

（二）积极培育战略性新兴产业和未来产业，增强发展新动能

习近平总书记强调，要"整合科技创新资源，引领发展战略性新兴产业和未来产业，加快形成新质生产力"。战略性新兴产业和未来产业是新质生产力形成和发展的主要载体。积极培育战略性新兴产业与未来产业是加快形成和发展新质生产力的内在要求，要通过科技创新加快产业创新，以产业现代化转型升级增强发展新动能，构筑竞争新优势。

第一，发展壮大战略性新兴产业，打造国际竞争新优势。战略性新兴产业以重大前沿技术突破为核心，以国家重大发展需求为导向，代表了新一轮科技革命和产业变革的方向，是各国经济发展竞争的关键领域，也是加快形成新质生产力的关键。战略性新兴产业具有的知识技术密集度高、产业链条长的突出特点，包括新一代信息技术、生物技术、新能源、新材料、高端装备、新能源汽车、绿色环保以及航空航天、海洋装备等行业。发展壮大战略性新兴产业，一要加快自主创新体系建设，推动关键核心技术的创新和应用。促进战略性新兴产业与互联网、大数据、人工智能等前沿技术深度融合，培育新技术、新产品、新业态、新模式，抢占战略性新兴产业的制高点，构筑竞争

新优势。二要加快培育战略性新兴产业集群，推动先进制造业集群发展。坚持把发展经济着力点放在实体经济上，健全产业集群组织、管理和规制，培育产业特色鲜明、产业链条完备、具有国际竞争力的战略性新兴产业集群。在此基础上，推动战略性新兴产业跨领域、跨产业、跨集群深度融合，形成强大的合力。三要构建新型平台基础设施，防止低水平重复建设。加快数据中心、云平台、工业互联网等新型平台基础设施建设，以更快的速度、更低的成本、更便利的方式将科技创新成果扩散并应用于相关产业，避免因信息不畅通而造成低水平的重复建设。

第二，前瞻谋划未来产业，开辟新领域新赛道。新质生产力的形成和发展是一个长期的过程，为了使新质生产力有持久的发展动力，就必须立足当前，前瞻谋划未来产业。目前，中国传统产业面临诸多困境，市场竞争激烈、资源消耗大、环境污染严重等问题制约了中国式现代化的发展，亟须找到新的增长动力，开辟新领域新赛道，抢占未来竞争制高点。"十四五"规划纲要提出，要"在类脑智能、量子信息、基因技术、未来网络、深海空天开发、氢能与储能等前沿科技和产业变革领域，组织实施未来产业孵化与加速计划，谋划布局一批未来产业"。数字时代的科技创新迭代迅速，现在的未来产业可能在几十年后成为经济发展的支柱产业，谋划未来产业就是在为新质生产力的发展储备源源不断的动能。与战略性新兴产业相比，未来产业发展成熟度相对较低，产业成长不确定性更大，培育周期也更长。因此，布局未来产业更加需要政府前瞻性的统筹规划和正确引导。尽管培育未来产业难度高、风险大，但是在未来产业这条新赛道上，世界各国都处于同一起跑线，未来产业既是挑战也是机遇。谁能抓住未来产业的发展机遇，就能掌握发展的主动权，成为世界现代化的领跑者。未来产业将是中国在现代化道路上实现"换道超车"的主阵地。

（三）坚持"两个毫不动摇"，激活各类创新主体

任何一种生产力的革新在微观上都需要通过承载主体来实现。新质生产力是以科技创新为主导的生产力，而企业是创新的重要微观主体，因此，新质生产力的形成和发展离不开企业作为主体的支撑。党的十九大明确提出，"毫不动摇巩固和发展公有制经济，毫不动摇鼓励、支持和引导非公有制经济发展"，意味着加快发展新生产力也必须坚持"两个毫不动摇"，打破创新主体单一的格局，使国有企业与民营企业在产业链、科研攻关等领域分工协作，充分发挥各类企业在科技创新和产业创新中的主体作用。

国有企业占据国民经济的关键行业，应当发挥创新引领的示范作用。国有企业是建设现代化经济体系的主力军，推动新质生产力的形成与发展是国有企业肩负的重要使命与责任。近年来，中国的国有企业在航空航天、深海探测、5G网络、高速铁路、集成电路等领域已经取得了一系列的重大创新成果，为新质生产力的形成奠定了良好基础，但仍然面临诸多关键核心技术"卡脖子"的问题。加快发展新质生产力对国有企业提出了更高的要求。一要立足于国家战略的功能定位与使命要求，推动国有企业向战略性新兴产业和未来产业的关键性领域集中，集中优质资源开展原始创新，在前沿技术、颠覆性技术方面发挥创新引领的作用。二要深化创新体制机制改革，优化创新模

式，在加大科技研发投入的基础上，提高投资和创新的有效性，充分发挥国有企业资金实力强大、研发基础雄厚、技术人才聚集等自身优势，加强基础研究和应用基础研究。

民营企业是科技创新和技术变革的重要力量，要充分释放创新活力。民营企业具有较强的创新能力和市场敏感性，能够更好地促进产业技术进步和商业模式创新，为经济发展注入新动力。近年来，民营经济的研发投入不断提升、专利产出不断增加、新产品开发效益不断提高，在高新技术企业中的先锋作用越发突出。如今，中国70%以上的技术创新成果来自民营经济，因而不断激发民营企业的创新活力将是加快发展新质生产力的重要支撑。一是应破除制约民营经济形成新质生产力的各类制度型障碍，激发民营企业的创新动力。加强对民营企业创新的风险投资等金融支持，建立完善的政策协调机制，降低企业创新的风险，从而提升企业创新的意愿。进一步优化民营企业营商环境，使民营企业能够公平参与市场竞争。二是引导民营企业围绕国家需求开展技术创新，推动关键领域的产业升级。民营经济具有较高的创新性和敏捷性，反应速度快，决策链条短，能够更快地适应市场需求和技术变革。集中民营企业的创新力量投入关键技术攻关，能够更加有效率地推动产业转型升级。三是鼓励民营企业数字化转型，提升民营企业的科技创新能力。数字经济的发展拓宽了科技创新的发展空间、提高了科技创新成果的转化效率。推动民营企业数字化转型有利于企业间的信息交流与合作，加快发展新质生产力。

（原载《财经问题研究》2024年第4期）

洪银兴　南京大学文科资深教授
　　　　教育部习近平新时代中国特色社会主义思想研究中心特约研究员

新质生产力厚植
中国式现代化物质技术基础

中国式现代化需要厚植坚实的物质技术基础即生产力基础。中央经济工作会议明确提出，要以颠覆性技术和前沿技术催生新产业、新模式、新动能，发展新质生产力。新质生产力概念的提出，是重大的理论创新，对于我们不断推进和拓展中国式现代化有着深远历史意义和重大实践价值。

新质生产力是先进生产力质态

生产力是推动社会进步最活跃、最革命的因素，其质态不是静止的、一成不变的，会不断产生新质生产力。所谓新质生产力，就是创新起主导作用，摆脱传统经济增长方式、生产力发展路径，具有高科技、高效能、高质量特征，符合新发展理念的先进生产力质态。这些关于新质生产力的定义是对马克思生产力理论的守正和创新。

生产力质态有新旧的区别。每个时代的新质生产力都有时代特征。发展新质生产力从一定意义上说是新旧动能的转换。根据习近平总书记关于新质生产力的论述，以及生产力发展的客观趋势，推动中国式现代化的新质生产力，在实践中主要体现在新科技、新能源、新产业领域，以及促使这三个方面融合发展的数字经济。

科技创新是发展新质生产力的核心要素。习近平总书记强调，在激烈的国际竞争中，我们要开辟发展新领域新赛道、塑造发展新动能新优势，从根本上说，还是要依靠科技创新。科技创新能够催生新产业、新模式、新动能，其对生产力的作用不仅仅在于提升产业的科技含量，更体现为由量变到质变所产生的新科技质态，即具有革命性的创新。人类历史上的历次科技革命，都是先进科技成果大规模市场化应用的产物，新科技推动生产力实现质的飞跃，进而释放经济发展的澎湃动能。

发展新质生产力，关键是发展并应用新科技，在前沿重点科技领域，不仅要实现跟跑，还要达到与发达国家并跑甚至领跑的水平。为此，需要特别关注世界科技发展的新趋势，比如，人工智能革命、量子计算、尖端工程技术等。所有这些重大科学技术问题的突破，都与发展新质生产力息息相关。我们要打好关键核心技术攻坚战，使原创性、颠覆性科技创新成果竞相涌现，实现高水平科技自立自强，培育发展新动能。

绿色发展是高质量发展的底色，新质生产力本身就是绿色生产力。化石能源至今仍然是各个产业的能源基础，但绿色发展需要新的能源结构。加快发展新质生产力必然要求加快生产力的绿色化转型，发展新能源，助力实现碳达峰碳中和，以绿色技术驱动绿色产业发展、壮大绿色经济规模，走资源节约、生态友好的发展道路。因此，必须加快绿色科技创新和先进绿色技术推广应用，推进能源革命、消费革命和绿色低碳生产生活方式，构建清洁低碳、安全高效的能源体系，建设绿色、低碳、循环经济发展体系。

数字经济是新质生产力发展的重要支撑。新科技、新能源、新产业发展都离不开数字经济。数字经济是信息和知识的数字化（数据）成为关键生产要素，以现代信息网络为重要载体、以有效利用信息通信技术为提升效率和优化经济结构重要动力的广泛经济活动。数字经济包含三个重要内容：一是数据成为关键生产要素；二是算力成为继热力、电力、网力之后的新动力；三是算法成为现代科技的新方法。从一定意义上说，算力越是强大，算法越是先进，数字技术越是尖端，数字平台规模越大，应用越是广泛，数字经济对发展新质生产力的作用就越大。现在数字经济发展正越来越多地体现在大数据、新一代互联网、物联网、人工智能等前沿尖端技术领域，未来要进一步扩大数字经济的应用范围和场景，通过增强算力、优化算法，加快培育新一代信息技术和发展新一代信息产业，为发展新质生产力提供重要支撑。

建设现代化产业体系是着力点

新质生产力依托新科技，落脚在新产业。习近平总书记指出，要及时将科技创新成果应用到具体产业和产业链上，改造提升传统产业，培育壮大新兴产业，布局建设未来产业，完善现代化产业体系。现代化产业体系的重要特征是创新引领，实现实体经济、科技创新、现代金融、人力资源协同发展，使科技创新在实体经济中的贡献度不断提高。根据现代化产业体系的内涵，我们不仅要在新科技上取得新突破，还要提高科技成果转化和产业化水平，从产业端培育和发展新质生产力。现在，产业革命几乎与科技革命同时进行。发展新质生产力，要加强科技创新和产业创新对接，不断以新技术培育新产业、引领产业升级。

传统生产力大多由传统产业作为承载主体，新质生产力大多由运用新技术的新产业承载。当然，传统产业并不是落后产业，经过改造升级后，也能够孕育新产业、形成新质生产力。要把握数字化、网络化、智能化方向，推动制造业、服务业、农业等产业数字化，利用互联网新技术对传统产业进行全方位、全链条的改造，提高全要素生产率，发挥数字技术对经济发展的放大、叠加、倍增作用。

战略性新兴产业是形成新质生产力的主阵地。目前，战略性新兴产业已经进入大规模产业化阶段，但从产业生命周期来看，还处于快速发展阶段，具有巨大的发展空间，同时在技术路线上仍具有不确定性，技术尚未完全成熟。要抓住新一轮科技革命和产业变革的机遇，发挥好创新引领产业发展的动力作用，积极培育新能源、新材料、先进制造、电子信息、生物制造、商业航天、低空经济等若干战略性新兴产业，加快打造具有国际竞争力的战略性新兴产业集群，力争在这一领域实现并跑乃至领跑，抢占全球产业发展制高点。

未来产业作为引领产业升级和未来发展的新支柱、新赛道，效能更高，具有创新活跃、技术密集、价值高端、前景广阔等特点，为新质生产力发展壮大提供了巨大空间。培育和发展未来产业需要根据科技发展的新趋势，加强应用基础研究和前沿研究，并通过创新要素集聚、形成产品原型、不断丰富拓展应用场景，逐渐实现产业化规模化发展。在这一过程中，既要关注以人工智能、量子信息、未来网络与通信、物联网、区块链等为代表的新一代信息技术产业发展，还要关注以合成生物学、基因编辑、脑科学、再生医学等为代表的生命科学领域孕育的变革，更要关注作为全球未来能源重要支撑的氢能、储能、太阳能、核能和其他低碳能源的开发利用，通过提前谋划布局，积极培育未来产业，加快形成新质生产力，增强发展新动能。

汇聚发展新质生产力的磅礴动力

习近平总书记强调，生产关系必须与生产力发展要求相适应。发展新质生产力，必须进一步全面深化改革，形成与之相适应的新型生产关系。要深化经济体制、科技体制等改革，着力打通束缚新质生产力发展的堵点卡点，建立高标准市场体系，创新生产要素配置方式，让各类先进优质生产要素向发展新质生产力顺畅流动。我国具备形成新质生产力的优质土壤和良好基础条件，应抓住新一轮科技革命和产业变革机遇，进一步深化改革开放，强化创新驱动，汇聚推动新质生产力形成的磅礴动力，更好推进和拓展中国式现代化。

第一，培育高素质复合型科技企业家。推动形成新质生产力的关键要素是人。颠覆性技术创新和新科技的发展不仅需要一大批战略科学家、一流科技领军人才和创新团队、卓越工程师、大国工匠和高技能人才，也需要一大批具有前瞻眼光、把握未来需求、熟悉技术变革趋势、洞悉商业机会并且能够将相关产业要素进行整合推动产品和服务商业化的高素质复合型科技企业家。根据新质生产力发展要求，科技企业家不仅要具备创新精神，敏锐洞察市场需求，还要具有科学家的素质，能够洞察科学新发现的重要价值，并具有围绕创新组合生产要素（创新要素）协调产学研各方的能力。培育科技企业家，不仅需要相应的制度环境，还需要有效的制度激励，要创造环境让通晓商业模式和管理方法的企业家和投资人才脱颖而出，为形成新质生产力提供人才支撑。

第二，打造科技和产业创新高地。建设满足发展新质生产力需要的创新高地，既不是单纯的科技创新高地，也不是单纯的产业创新高地，而是科技和产业融合的创新高地。一是突出开放创新。创新高地建设要立足于科技自立自强，提高自主创新能力，但不能忽视吸收全球先进技术和管理经验。要坚持以更加开放的思维和举措扩大基础研究等国际交流合作，吸引国际创新资源进行开放创新，共同研发有自主知识产权的新产业技术，营造具有全球竞争力的开放创新生态。二是突出产学研协同创新。新质生产力依托的新科技基本上源于基础研究成果。从事基础研究的研究型大学和科研机构是培育和发展新质生产力的重要力量。大学与企业共建高新技术及其产业研发平台，在协同创新平台上实现知识创新主体与技术创新主体互动合作，有利于推动科技创新供需匹配对接，打造产学研创新高地。三是用好各类科技园、产业园。这里集聚了各类创新资源，是发展新质生产力的重要载体，有条件在迭代升级中成为科技和产业创新高地。要围绕新质生产力发展要求，采取相关激励措施，吸引更多新科技项目和产业入园，促进高端科技创新资源向园区汇聚。

第三，构建面向未来产业的创新生态。未来产业一般处于产业生命周期的萌芽阶段，其技术、产品和市场等都不成熟。未来产业以前沿创新为支撑，而最新技术在现实应用中很难被完全认知和充分开发，相关技术在转化为产品或者产品产业化、规模化生产过程中，仍面临许多不确定性，因此需要打造良好的创新生态以激励未来产业发展。一方面，要按照发展新质生产力要求，聚焦未来产业发展需要，畅通教育、科技、人才的良性循环，完善人才培养、引进、使用、合理流动的工作机制，根据科技发展新趋势，优化高等学校学科设置、人才培养模式，为发展新质生产力、推动高质量发展培养急需人才。另一方面，要构建充满活力的创新机制和环境。针对未来产业孵化培育长周期、高风险、战略性特征，要加大基础研究财政资金投入力度，建立基础研发投入刚性增长机制，引导更多社会资本进入基础研究领域，夯实未来产业发展的科技基础；鼓励金融机构创新适应未来产业特征的金融产品与服务，引导保险资金等长期资金加大对未来产业的投入；建立产业创新的容错纠错机制，营造鼓励创新、宽容失败的良好氛围，为未来产业发展营造良好环境。

（原载《经济日报》2024年3月25日）

蔡万焕 | 清华大学马克思主义学院长聘副教授、博士生导师

张晓芬 | 中国人民大学经济学院助理研究员

新质生产力与中国式现代化
——基于产业革命视角的分析

当前全球科技创新进入空前密集活跃的时期，新一轮科技革命和产业变革正在重构全球创新版图、重塑全球经济结构。新一轮科技革命和产业变革既给我国发展带来巨大挑战，也给我们提供了推动高质量发展、实现中国式现代化的难得历史机遇。党的二十大报告指出，高质量发展是全面建设社会主义现代化国家的首要任务，我们要加快建设现代化经济体系，构建新一代信息技术、人工智能、生物技术、新能源等一批新的增长引擎。2023年，习近平总书记进一步指出，要"积极培育新能源、新材料、先进制造、电子信息等战略性新兴产业，积极培育未来产业，加快形成新质生产力，增强发展新动能"。在新一轮科技革命和产业变革背景下，新质生产力具有何种内涵与特征？我国在形成和发展新质生产力过程中，面临哪些机遇和挑战？新

质生产力对于中国式现代化和全面建设社会主义现代化国家进程将发挥什么作用？对这些问题的回答，有利于我们进一步领会贯彻习近平经济思想及其世界观方法论，在实践中把握生产力发展的方向，推动高质量发展，推动经济实现质的有效提升和量的合理增长。

一、产业革命背景下的新质生产力及其内涵

当前我们正在经历新的一次产业革命，即新一轮科技革命和产业变革，也被称为"第三次工业革命"。自美国学者杰里米·里夫金出版《第三次工业革命：新经济模式如何改变世界》一书、英国《经济学家》杂志编辑保罗·麦基里发表《第三次工业革命》等一系列文章以来，"第三次工业革命"概念引起了国内外的广泛关注。目前，国内外的专家学者们较为普遍的看法是："第三次工业革命"是一种由新一代信息技术、新能源、纳米技术、新材料和生物技术相互融合的技术和产业革命，"可再生能源革命"、"制造业的数字化革命"和"新材料科技革命"是其主体。

人类社会目前已经经历了两次工业革命。第一次工业革命诞生在英国，在19世纪开辟了蒸汽、铁路和工厂化生产的时代，煤炭是其占主导地位的能源形式。20世纪是第二次工业革命的时代，以电气化、重化工业和大批量生产方式为主要特征，石油等不可再生能源是占主导地位的能源形式。20世纪70年代以后，信息革命席卷而来，信息革命的实质是在计算机技术与通信技术融合的基础上，通过先进的信息技术实现整个经济体系的自动化和网络化控制。进入21世纪

以来，信息革命进一步深化，产生了机器人和 3D 打印机等新数字化制造技术。与此同时，出现了以太阳能、风能和生物质能等为主体的可再生能源革命，以及碳纤维、超导、光电子等新材料和纳米科技革命。这三种"科技革命"的融合驱动着 21 世纪进入了新一轮科技革命和产业变革即"第三次工业革命"的时代。

"历次产业革命都有一些共同特点：一是有新的科学理论作基础，二是有相应的新生产工具出现，三是形成大量新的投资热点和就业岗位，四是经济结构和发展方式发生重大调整并形成新的规模化经济效益，五是社会生产生活方式有新的重要变革。这些要素，目前都在加快积累和成熟中。即将出现的新一轮科技革命和产业变革与我国加快转变经济发展方式形成历史性交汇，为我们实施创新驱动发展战略提供了难得的重大机遇。"历次科技革命和产业变革都促进了人类社会生产力的巨大进步。生产力是人们生产物质资料的能力，它表示人们改造自然、征服自然的能力，反映了人和自然界的关系。生产力的构成因素中包含两个部分：人的因素，指有一定生产经验、劳动技能和科学知识，并实现物质资料生产的劳动者，在生产中起着最根本的作用；物的因素，即生产资料，包括劳动对象和生产工具，其中生产工具发挥最重要作用，它是社会生产力发展水平和发展状况最主要、最直观的标志。从产业革命的历史规律来看，当前我们面临的新一轮科技革命和产业变革将给生产力发展带来以下重大而深远的变化：

首先，物的因素方面，作为生产资料的物的范围扩大。生产资料或生产要素包括劳动对象和生产工具，劳动者以自己掌握的信息对物质产品进行加工，从而更加符合生产生活需要。农业生产时代，生产资料主要是土地和农具、牲畜等；工业生产时代，生产资料表现为机器设备和原材料；新一轮科技革命和产业变革下的数字经济时代，数据、数据收集和分析设备等均成为生产资料。自商品产生以来，商品生产者在每一期销售完成之后，都会收集产品销售情况、顾客对产品的消费感受等信息，并据此对下一期生产进行改进，以便更加符合消费者需求、促进商品销售从而获得更多利润。商品生产者所收集的销售数据、消费者相关数据，就是大数据的雏形。新一轮科技革命和产业变革下，数据作为一种新的生产要素出现，供求的数量关系变化直接决定了商品的生产量，数据收集面更广、数量更大且经过筛选加工而形成大数据，数据在商品生产和销售中所发挥作用的重要性得到了加强。数据作为新的生产要素出现，这也是生产社会化的表现。任何社会生产与再生产环节中的活动，现在都可以成为"数据"，被数字平台加以整合。

其次，劳动者和生产资料的结合方式产生了新变化。农业生产时代，劳动者与生产工具的结合方式主要是体力和脑力的耗费；工业生产时代，劳动者的部分体力劳动被取代；新一轮科技革命和产业变革下的数字经济时代，劳动者的脑力劳动也被部分取代，与生产资料的结合方式越来越趋于非物质化。与前两次工业革命用机器替代体力劳动相比较，新一轮科技革命和产业变革从根本上说是生产力的信息技术革命，主要特征是在计算机技术与通信技术融合的基础上，通过先进的信息技术实现整个经济体系的自动化和网络化控制。在信息化的过程中，传统的机器体系开始向自动化机器体系发展。新的机器在传统机器的三个组成部分之外，加入了一个新的部分，即自动化的控制系统，它的主要功能是收集和处理外部信息，并根据外部环境的变化，自动调节自己的运动，从而克服了人脑在感知和处理信息上所具有的生理局限性，使产品的数量和质量空前提高，而且还为最终将劳动者从机器的束缚下解放出来创造了技术上的可能性。在过去的40多年中，信息技术革命主要表现为对知识工作领域中脑力劳动的替代，随着人工智能等科技革命的进一步发展，它不仅在更大范围内代替脑力劳动，而且将通过机器人和智能系统的广泛应用，从而在更大程度和范围上实现对体力劳动的替代，并实现整个国民经济系统的智能化。

最后，劳动过程中劳动者之间结合的方式产生了新变化，新的协作分工方式产生新的更大的社会生产力。生产力不断发展推动了生产社会化，生产资料已经"从个人的生产资料变为社会化的即只能由一批人共同使用的生产资料"，"生产本身也从一系列的个人行动变成了一系列的社会行动"。工业生产时代，分工不断深化、细化，原本需要在时间和空间上紧密契合的生产流程被分散化，单个企业生产一件需要各种组装部件的产品被各个更加专业化的部件生产组织所代替。而信息通信技术的出现，使得分散化的专业分工体系之间可有效沟通，降低了由市场协调产生的成本。数字化生产使每个人都可以建立家庭式工厂，通过在线交流进行产品的研发、设计、制造和销售，劳动者之间既分工又高效合作，不仅缩短了生产单位产品所需要的社会必要劳动时间，而且创造了一种新的生产力，"由协作和分工产生的生产力，不费资本分文。它是社会劳动的自然力"，"这种生产力本身必然是集体力"。新一轮科技革命和产业变革下的数字经济时代，劳动者之间的物理空间距离更加分散、更加遥远，但是信息技术无时无刻不把劳动者紧紧束缚在生产上，协调他们之间的劳动过程，在工作时间外随时随地可以将指令下达给每一位劳动者，在劳动过程中劳动者之间的联系实际上更加紧密。

正是在新一轮科技革命和产业变革下，生产中物的范围扩大、人和物的结合方式改变、人和人的结合方式改变等重大变化，生产力的内涵和本质均发生深远变化，形成"新质生产力"。新质生产力是以新一代信息技术、人工智能、生物技术等为技术依托，以大数据、新能源等为新的生产要素，以战略性新兴产业和未来产业为产业载体的生产力发展新水平和质的飞跃。正如习近平总书记所指出的，"新质生产力是创新起主导作用，摆脱传统经济增长方式、生产力发展路径，具有高科技、高效能、高质量特征，符合新发展理念的先进生产力质态。它由技术革命性突破、生产要素创新性配置、产业深度转型升级而催生，以劳动者、劳动资料、劳动对象及其优化组合的跃升为基本内涵，以全要素生产率大幅提升为核心标志，特点是创新，关键在质优，本质是先进生产力"。新质生产力之新，就表现在相比工业生产时代的传统生产力，它包含了新技术、新经济、新业态，以及以创新为代表的更优质的生产要素；是以科技创新为主导、以战略性新兴产业和未来产业为引领、契合高质量发展要求、能够带来高品质社会生活的生产力。

二、产业革命背景下我国新质生产力发展的机遇和挑战

科学技术是第一生产力。科技创新和产业发展的重大革命不仅影响国家兴衰，还与国际格局的变化密切相关。当前世界处于百年未有之大变局，国际经济局势变化中，哪个国家主导了新一轮科技革命和

产业变革，该国的科技、军事、经济实力就会迅速崛起，在激烈的国际竞争中占得先机，并成为新国际格局的引领者。新一轮科技革命和产业变革下已形成了新质生产力，新质生产力的发展具有特定运行规律，其对生产社会化、资本流通过程、生产流程、技术进步、产业业态等方面的改变，给我国经济高质量发展提供了新的机遇，同时也提出了新的挑战。

（一）生产社会化程度提高，提高资源使用效率同时导致垄断加剧

新质生产力以数字经济、新能源经济等新业态形式出现，不仅推动数据信息、新能源等作为新的生产要素进入社会生产和流通中，而且可以将一些长期闲置、利用率不高的资源设备充分利用，提高资源使用效率。许多过去处于生产过程之外或多数时间段不处于生产过程之中的劳动力和资源，现在都可投入社会生产、用来进行剩余价值生产。这是新质生产力下生产社会化程度提高的表现。数字经济平台企业刚出现时，由于其商业模式的特殊性，被称为"共享经济"或"分享经济"，被认为是一种将闲置资源的使用权让渡给他人，以利于社会价值创造从而促进整体目标最大化的新经济业态。尽管这种经济模式最后被证明是需付费的、营利性的且关键仍在于资源所有权，因而不是真的所谓"共享"，但其推动生产社会化程度提高的作用是客观存在的。

在社会化大生产不断推进的同时，基于网络效应、低边际成本以及虹吸效应等原因，各种生产资料向少数大型企业集中而出现垄

断。网络效应指的是一个平台的用户数量对用户所能创造的价值的影响，在一个平台上的用户越多，整个平台的价值就越高，并且平台早期的优势会固化其作为行业领袖的永久地位。网络效应使得平台企业能够迅速扩大规模，当一个平台增加一个新用户时，那个新用户所增加的不是单一的关系，而是和该平台所有用户的潜在关系。在平台经济扩张中起作用的还有交叉网络效应，即消费者对生产者的效应以及生产者对消费者的效应。例如，在优步这一平台中，接入平台的司机和乘客是相互影响的，如果能使乘客加入平台，那么司机也会随之加入，优步将融资得到的资金分成无数的乘车代金券发放给乘客，就是试图通过网络效应扩大市场份额。平台仅仅通过给连接提供便利就消除了生产的边际成本，是一种"纯粹的零边际成本信息企业"。平台企业在创造连接时产生的边际成本确实是极低的。当像希尔顿和喜来登等连锁酒店想要扩展业务时，它们需要建造更多的客房，雇用更多员工；但与之形成鲜明对比的是，爱彼迎在扩展业务时仅需要在网络列表上多添加一间房。极低的边际成本为平台企业维持其垄断地位提供了极大的便利，新的企业进入市场需要耗费巨额资金搭建基础设施、设计软件工具、制定规则和扩展客户群等，并且每一个环节都面临着失败的风险，这也是很多新的平台企业经历数轮融资仍然难逃倒闭宿命的原因。收购新兴企业也是平台企业维持其垄断地位的重要手段，它们将相关领域的资源都吸引过去，不断巩固自身的优势，形成明显的虹吸效应。平台企业无偿占有用户的"数字劳动"形成"数据垄断"，利用政府提供的数字基础设施获得了比其他企业更高的劳动生产率、超额利润和数据垄断收益。

（二）流通重要性提升，加速商品流通同时抑制了生产

新质生产力的形成和发展离不开有为政府。政府投资大规模网络基础设施建设，对生物技术和新能源等领域的基础科学研发投入等都是新质生产力出现的前提。依托政府提供的网络、交通等基础设施，数字平台企业凭借对数据和数字化基础设施的把控，精准联动各个产业部门，协调并主导社会生产与再生产的过程。在大数据出现之前的时代，由于消费者偏好仅可细分到某类群体而无法精确量化到个体，企业往往针对目标群体实行大规模生产、提供同质化产品，消费者的个性化消费需求无法被满足。新一轮科技革命和产业变革下的数字经济时代，数字平台企业通过大数据把握消费者多层次的现实需求和潜在需求，使社会需求信息更加即时和透明，从而减小供求信息的不对称与反应的时滞，使商品的生产更加精确和个性化，在一定程度上缓和了市场的盲目性。另外，消费者通过利用搜索引擎、用户评分、商品销量等高效过滤器，能够筛选出满足其真实消费需求的商品，平台也通过个性化的广告推送等方式加速消费者与商品的匹配，加速商品的流通。数字平台企业可以根据其所掌握的数据使生产者与消费者的供需匹配精确量化到个体，满足消费者的个性化需求。

数字平台企业凭借对生产和消费大数据的掌握，在流通端促进商品销售、加速资本周转和循环，从而提高利润率，与此同时，数字平台企业会利用自己的优势地位反过来控制生产。由于数字平台企业掌握了大数据，因此，追求利润最大化的其他产业资本如工业资本、商业资本必然会形成对数字平台企业的依赖，导致数字平台企业对其他

产业资本的控制。数字资本通过对大数据的掌握，压缩其他资本的利润空间。大数据、数字平台企业虽然不直接参与生产实物的环节，却掌握了消费者的消费习惯、行踪，从而精准地进行销售并反馈给实体厂家而进行商品生产。一方面，消费者需要数字平台不断地提供便利的、相对准确的产品推广而减少筛选商品的时间与成本。另一方面，实体厂家也需要数字平台提供的订单来更加有效、精确地生产商品，从而获取更多利润。消费者和生产者都无法摆脱数字平台企业的捆绑，对于从事实体生产和销售的资本而言，能否获得相应的大数据、能否利用大数据提高利润，就取决于他们与数字平台企业之间的利润分配。数字平台企业利用其掌握大数据的优势，在利润分配中采取对自身更为有利的方案，反过来对实体生产形成全面控制。例如，一些数字平台企业凭借其优势地位，以种种明示或暗示手段，使作为产品提供者的合作商家只能入驻自己这一家电商平台，不能同时入驻竞争对手平台，即"二选一"。

在新一轮科技革命和产业变革下，数字经济提高了社会生产与再生产的效率，推动新质生产力的形成和发展。然而数字平台走向全面垄断则是一种纯粹的积累。有学者将这种模式称为"硅谷帝国体系"，认为这一体系非但没有成为社会生产力发展的动力，反而成为一个寄生实体，本质上只是在寻租和投机。生产资料越来越集中于少数数字资本家，生产者、用户和依附于数字平台的劳动者不断被挤压。

（三）促进分散化生产，解放劳动者同时劳动者权益受损

新质生产力下劳动者之间结合方式的新变化，使得居家办公、劳

动者建立家庭式工厂成为可能，这种生产过程中劳动者之间物理空间距离的分散化生产，为将劳动者从劳动中解放出来提供了可能性。首先，分散化生产也被称为去中心化的生产，其物质基础是生产力的提高，生产单位产品所耗费的社会必要劳动时间大大缩短。这意味着劳动者将不会总被束缚在劳动过程中，而可以将更多时间用于个人发展，为人的自由发展创造了客观前提。其次，新一轮科技革命和产业变革是在计算机技术与通信技术融合的基础上，通过先进的信息技术实现整个经济体系的自动化和网络化控制。越来越多的机器设备配备了自动化控制系统，只要提前进行了程序设置，机器就可以根据不同的外部环境采取相应的策略，极大地将劳动者从劳动过程中解放出来。

一方面，在新一轮科技革命和产业变革下，新机器配备了自动化控制系统，能够集中处理外部信息，并根据外部环境的变化，自动调节自己的运动，也就是说，机器已经代替人脑的部分功能，这就导致更多的工人被排斥在生产过程之外，成为相对过剩人口或产业后备。另一方面，信息技术的发展使生产过程中操作复杂的生产工艺和流程逐渐由计算机控制下的机器所完成，操作变得越来越简单，生产效率得到空前提高，对劳动过程中工人劳动技能的要求不是越来越高，反而是越来越低，导致了工人"去技能化"，对资本的依赖更加沉重，这就重复了机器大工业时期工人阶级对资本从形式隶属到实质隶属的转变过程。

在新质生产力下，数字平台企业对生产者、劳动者和消费者的大规模整合，看似构建了一个有组织的、相互依赖的平台生态系统，但实质上表现为平台与接入平台的多边用户的支配与依赖关系。在数字平台中，劳动者的劳动过程完全被数据控制和支配，劳动者被"去技能化"的同时，还失去了雇佣关系的保障。首先，数字技术的渗透性和替代性对低技能劳动者产生替代影响，数字平台可以控制劳动者对平台的使用权，这些劳动者几乎没有基础工资，他们依赖平台派单或主动抢单来获得报酬，一旦被数字平台封禁就会在一段时间内失去收入；其次，数字平台用评价机制代替了普通企业的监督机制，这种完全数字化的机制往往更加严苛；最后，依附于数字平台的非正式雇佣劳动者在数字平台的控制下逐渐被排挤，工人成为可以被替代的"机器"。

（四）技术进步加速，为发展中国家赶超提供机会同时加剧数字鸿沟

在新一轮科技革命和产业变革下，新质生产力的形成和发展，为发展中国家赶超提供了重大"机会窗口"。虽然新技术革命最初一般出现在发达国家，但由于其技术体系处于早期原始的阶段，还没有形成大规模的生产体系和市场垄断，因此，处于这个阶段的新技术革命可能使所有国家都处于同一起跑线上。某些新兴的发展中国家更像是"一张白纸"，甚至能比率先崛起的国家更加适应新技术体系的要求，获得所谓"后发优势"。因此，如果在这个阶段能够以更快的速度进入新的技术体系，就有可能取代先行者的技术和制度的领先地位，实现跳跃式发展，如历史上的美国、德国、日本、韩国等。目前，新质生产力的形成和发展正给我国提供了这种重大的历史机遇。

另外，各国在推动新质生产力发展过程中产生的竞争更加激烈。

我国现有产业目前处于全球价值链的中低端，发达国家处于价值链的高端，我国产业升级的目标是从价值链的中低端向高端攀升，不可避免地与发达国家在价值链高端的产品、技术和市场等诸多方面产生直接竞争，导致知识产权保护、贸易摩擦等方面的冲突不断加剧。2008年国际金融危机爆发后，与我国一样，美、欧、日等发达国家和地区经济政策的重点也纷纷聚焦于战略性新兴产业，例如，英国推出工业2050战略、德国推出工业4.0版本战略并已取得初步成效。从总体上看，美、欧、日等发达国家和地区发展战略性新兴产业的技术和市场条件明显优于中国等新兴工业国家，如果我们在新质生产力的发展过程中不能有所作为，获得突破，就会进一步拉大与发达国家的差距，这对于我国的发展是极为不利的。

当前以系统整合和提供网络交易平台为特征的平台企业正在兴起，使跨国公司可以通过远程控制和网络系统加强对全球经济的控制和垄断，把高创新率、高附加值和高进入壁垒的核心部件的生产保留在发达国家内部，而迫使发展中国家从事惯例化的、低附加值的、几乎没有进入壁垒的非核心部件的加工、制造和组装环节，并通过对制造业产品的研发、设计、融资、销售定价等生产性服务活动进行控制，把发展中国家全面压制在低附加值的经济体系中，这对包括我国在内的发展中国家的技术追赶是不利的。在技术进步加速下，发展中国家推动新质生产力还面临数字孤岛等问题，数据壁垒、数字鸿沟仍存在，数据共享实现存在障碍。当前，数据的共享共建平台仍有待健全完善，发达国家利用数字壁垒限制我国参与全球数字经济合作与竞争，数据孤岛普遍存在，我们应当在保障数据安全的前提下，构建数据共享机制及平台，充分发挥数据作为新型生产要素的价值。

（五）催生新产业新业态，为大规模就业创造机会同时导致劳动力优势丧失

新质生产力为我们提供了转瞬即逝的大规模就业机会。虽然新一轮科技革命和产业变革最终将使大量劳动者从经济活动中被排挤出来，但在新的产业革命最终完成之前，还存在劳动者大规模就业的机会。与新质生产力相适应的新的经济形式包括各种新兴产业，以及数字经济与各种现有产业有机结合形成的新业态。例如，太阳能分布式发电将使千家万户在自己的住房上安装太阳能发电装置，这需要将各地的建筑转化为微型发电厂，以便就地收集可再生能源。因此，改造建筑物以及安装、维修太阳能发电装置等这些基础设施的建设将创造大量就业机会。在数字经济中，数据标注员、外卖员、快递员等工作岗位也创造了大量就业机会。人工智能技术的发展还可以在机器人、新能源、新材料和3D打印机等新兴机器设备制造业部门及其相关的生产性服务业中创造更多就业机会。因此，对于我国廉价体力劳动者来说，新一轮科技革命和产业变革过程中仍然可能给我们提供大规模的就业机会。

与此同时，在新质生产力下我国劳动力成本低的比较优势加速削弱。新一轮科技革命和产业变革将会大幅度提高社会的劳动生产力，生产的发展日益依赖于科学技术的进步，日益减少对劳动力使用的依赖。这将导致劳动力就业的压力进一步增大。产业革命的本质就是用先进的生产资料替代劳动的过程，劳动生产力的不断提高和国民经济

体系的智能化对劳动力的替代不仅表现在制造业，它在流通、物流、社会服务、农业和家务劳动等领域也都对劳动者产生了排挤效应。这对具有世界上最大规模劳动者的我国来说，特别是对于正在加速发展的城镇化和大规模的城镇劳动力的就业来说，无疑构成了巨大的挑战。一个典型的事实是，随着机器人性能的改善，机器人将在越来越多的领域中得到应用，其成本也在不断降低，大量重复性劳动岗位将会被机器人替代，一部分体力劳动者将从制造业等部门中淘汰出来。目前，全球机器人市场发展十分迅速，据国际机器人联合会的数据，到2025年，全球机器人将会有1400万台。据估计，到2035年，全球有一半的工作岗位将会被自动化取代。在这种情况下，我国大量廉价劳动力的优势正面临加速削弱的危险。

三、发展新质生产力，助推中国式现代化

当前我们正处于以中国式现代化全面推进中华民族伟大复兴的历史进程中，中国式现代化摒弃了西方以资本为中心的现代化，是中国共产党领导的社会主义现代化，其本质要求之一就是实现高质量发展。党的十八大以来，习近平总书记高度重视发挥先进生产力的作用，创造性地提出"新质生产力"，并深刻阐述发展新质生产力是推动高质量发展的内在要求和重要着力点，为新时代我国经济高质量发展提供了重要遵循、指明了根本方向。

中国式现代化涵盖了经济、政治、社会、文化等各方面，其中经济现代化是物质技术基础。经济现代化要求建立现代化产业体系和现

代化经济体系，要求把握先进生产力的发展方向，并形成与之相适应的新型生产关系。只有这样，才能促进经济高质量发展，推动经济实现质的有效提升和量的合理增长，为全面建成社会主义现代化强国奠定坚实的物质技术基础。正是站在人类经济社会发展的高度，我们党敏锐地觉察到，新一轮科技革命和产业变革与我国加快转变经济发展方式形成历史性交汇，为我们实施创新驱动发展战略提供了难得的重大机遇。因此，我们提出了发展新质生产力带动经济高质量发展，从而助推中国式现代化。

党的二十大报告指出，高质量发展是全面建设社会主义现代化国家的首要任务。中国式现代化的实现过程中，我们要进一步用习近平经济思想来指导促进新质生产力发展和经济高质量发展、经济现代化。我们应深刻理解和把握新质生产力理论在习近平经济思想中的理论定位，处理好实体经济和金融的关系，筑牢中国式现代化的实体经济根基；把握生产关系与生产力的辩证运动，在社会主义制度下保障新质生产力发展。

（一）新质生产力理论在习近平经济思想中的理论定位

习近平经济思想概括了党的十八大以来党的中国特色社会主义政治经济学理论创新成果，深入分析了新时代党面临的经济形势、面对的风险挑战，其主要任务是总结中国特色社会主义经济建设实践经验，揭示中国特色社会主义经济的运动规律。在习近平经济思想的理论体系中，新质生产力理论与新发展理念、供给侧结构性改革、高质量发展等理论和重要论述相互联系，构成一个完整的理论体系，为我们擘画了中国式现代化的宏伟蓝图。

新质生产力的关键构成是新的科学技术、新的生产方式、新的产业形态和新的要素供给，核心要义是以创新驱动高质量发展。因此，创新是新质生产力最关键的因素，也是新质生产力形成和发展的前提。作为引领发展的第一动力，创新恰是新发展理念在回答怎样实现发展这个重大问题时给出的答案。正如2023年中央经济工作会议指出的，要以科技创新推动产业创新，特别是以颠覆性技术和前沿技术催生新产业、新模式、新动能，发展新质生产力。在新质生产力的形成过程中，为实现旨在促进我国产业结构升级从而向国际产品价值链高端进发的供给侧结构性改革，我国大力发展新一代信息技术、人工智能、生物技术等高新技术手段，这些技术的广泛应用使得数据和新能源等作为新的生产要素出现，并在社会生产中的作用越来越凸显。"供给侧结构性改革的根本目的是提高社会生产力水平"，最终推动了新质生产力的形成。新质生产力从生产力层面为我国经济高质量发展提供了基础，配合实施扩大内需战略，增强国内大循环内生动力和可靠性，提升国际循环质量和水平，着力提升产业链供应链韧性和安全水平等，共同为中国式现代化奠定坚实的物质技术基础。

（二）以新质生产力推动实体经济发展，筑牢中国式现代化的实体经济根基

新质生产力以新一代信息技术、人工智能、生物技术等为技术依托，以新能源、新材料、先进制造、电子信息等战略性新兴产业和未来产业为主要载体。这些产业都和有形或物质商品生产或流通相关，

属于实体经济。站在马克思主义的劳动价值论的理论自觉高度以及中华民族伟大复兴的战略高度，习近平总书记高度重视实体经济在经济高质量发展中的重要地位，他指出："现代化产业体系是现代化国家的物质技术基础，必须把发展经济的着力点放在实体经济上，为实现第二个百年奋斗目标提供坚强物质支撑。"新质生产力的发展，也应使其作用于实体经济，服务于我国的工业化进程。要防止仅用新质生产力发展金融等服务业的倾向，遏制脱实向虚。如数字经济发展过程中，平台企业在初创阶段中有大量风险投资资本参与，平台企业参与市场竞争阶段同时不断拓展金融资本业务，而在其进入成熟稳定阶段后，多数平台企业开始转向金融领域获利、进行金融化操作。数字技术并未在生产生活领域促进社会发展，而成为数字资本攫取利润的工具。这种趋势与我们发展实体经济是不相符的。我们应时刻注意，"工业化很重要，我们这么一个大国要强大，要靠实体经济，不能泡沫化"，"一个国家一定要有正确的战略选择，我国是个大国，必须发展实体经济，不断推进工业现代化、提高制造业水平，不能脱实向虚"。

（三）把握生产关系与生产力的辩证运动，在社会主义制度下保障新质生产力发展

经济发展是生产力和生产关系共同作用的过程，生产力和生产关系的矛盾运动形成经济发展的动力。唯物史观强调既分析生产力的物质技术基础的变化，又分析与之相应的生产劳动过程中社会化生产组织及制度安排的发展过程，在生产力和生产关系的相互作用中把握经

济发展。我们也应将新质生产力的发展置于与其相适应的并对其具有反作用的生产关系辩证运动中进行考察。"发展新质生产力，必须进一步全面深化改革，形成与之相适应的新型生产关系。要深化经济体制、科技体制等改革，着力打通束缚新质生产力发展的堵点卡点，建立高标准市场体系，创新生产要素配置方式，让各类先进优质生产要素向发展新质生产力顺畅流动。同时，要扩大高水平对外开放，为发展新质生产力营造良好国际环境。"新质生产力为将劳动者从劳动过程中解放出来提供了技术上的可能，为提高人民生活水平和满足人民对美好生活的需要提供了物质条件，但更为关键的问题是新质生产力掌握在谁手里。"手推磨产生的是封建主的社会，蒸汽磨产生的是工业资本家的社会"，因为一定的生产力总是隶属于一定生产关系中占支配地位的利益主体。当前数字经济在快速发展中出现了一些问题，如平台金融化、垄断趋势加强，消费者权益、数字劳动者权益受损等。这些问题的产生，源于在数字经济发展过程中资本的深度参与，数字技术被资本所俘获，成为其追求利润的工具。我们应在社会主义框架内完善相应的各项制度设计，发挥社会主义制度作为更高级社会形态的优越性，发挥更先进生产关系推动生产力发展的反作用，更好促进新质生产力发展。

首先，要最大化地利用新质生产力带来的红利，使技术的发展成果能够覆盖更多的人群，就不能落入把生产资料放置于和劳动者对立的窠臼。在社会主义市场经济中，数字经济不是无政府状态地肆意发展，政府应该在规范平台用工和与时俱进地更新劳动关系认定标准，敦促企业落实为劳动者提供保障的义务，引导企业制定合理的工资制度以使外卖员等基础岗位的实际工资与劳动生产率同向、同比例增加等方面，发挥有效作用。

其次，当前不同社会群体之间在拥有和使用现代信息技术方面存在差距，数据共享实现存在障碍，重点体现在国民数字素养和技能上的差距。要按照"用得上、用得起、用得好、有保障"的要求，弥合数字鸿沟，打破信息不对称，让弱势群体通过网络掌握更多信息和知识，更好融入当前经济发展，从而实现共同富裕。

再次，商业、服务业等消费端、流通端产业数字化发展快于供给端、生产端产业数字化发展，这说明，数字技术尚未全面融入我国实体经济的全产业链、全生命周期中。原因主要在于我国在基础研究、关键核心技术等方面，与世界领先水平相比仍存在一定差距。因此，需着力提升关键领域创新能力，强化数字技术、生物技术等知识产权保护，完善开源知识产权和法律体系，保护和激发企业创新动力。

最后，针对平台企业存在野蛮生长、无序扩张等突出问题，我们需加大反垄断监管力度，依法查处有关平台企业垄断和不正当竞争行为，维护市场公平竞争秩序。要纠正和规范发展过程中损害群众利益的行为，保护消费者合法权益。新质生产力形成和发展过程中，应强化对资本的监管，依法规范和引导资本健康发展，防止资本行为规律和特性对新质生产力的侵蚀和控制，真正让新质生产力服务于中国式现代化的实现和社会主义现代化强国建设。

（原载《浙江工商大学学报》2024年第2期）